CONSEJERÍA CRISTIANA FAMILIAR
Cuaderno de trabajo con ejercicios y cuestionarios
ESPECIALIDAD - E6

EAGLES INTERNATIONAL CHRISTIAN UNIVERSITY

ISMAEL MEJÍA SILVA

Copyright 2023 © Ismael Mejía
Todos los derechos reservados. Ninguna parte de esta publicación puede ser reproducida sin el permiso previo por escrito del autor.

Marco Mejía - Diseñador de portada | Editor | Diseño de interior.
ISBN: 9798863319674

PRÓLOGO..4

MÓDULO 1: INTERVENCIÓN TERAPÉUTICA EN LA CONSEJERÍA..........................6

SECCIÓN 1.1: DEFINICIÓN DE INTERVENCIÓN TERAPÉUTICA Y SUS CARACTERÍSTICAS 7

SECCIÓN 1.2: CARACTERÍSTICAS CLAVE DE LA INTERVENCIÓN TERAPÉUTICA....11

SECCIÓN 1.3: CONSIDERACIONES ÉTICAS Y PROFESIONALES EN LA CONSEJERÍA 18

MÓDULO 2: CARACTERÍSTICAS DEL CONSEJERO INTERVENCIONISTA.............27

SECCIÓN 2.1: PERFIL DEL CONSEJERO INTERVENCIONISTA 28

SECCIÓN 2.2: PERFIL DEL CONSEJERO INTERVENCIONISTA 33

SECCIÓN 2.3: DESARROLLO PERSONAL Y ESPIRITUAL DEL CONSEJERO 39

MÓDULO 3: RELACIÓN CONSEJERO-ACONSEJADO EN LA INTERVENCIÓN TERAPÉUTICA 48

SECCIÓN 3.1: LA RELACIÓN CONSEJERO-ACONSEJADO: IMPORTANCIA Y DINÁMICA 49

SECCIÓN 3.2: VENTAJAS DE UNA RELACIÓN SALUDABLE 52

SECCIÓN 3.3: PELIGROS Y DESAFÍOS EN LA RELACIÓN 56

SECCIÓN 3.4: ESTRATEGIAS PARA CULTIVAR UNA RELACIÓN EFECTIVA 63

MÓDULO 4: MODELOS DE INTERVENCIÓN EN LA CONSEJERÍA CRISTIANA......67

SECCIÓN 4.1: INTRODUCCIÓN A LOS MODELOS DE INTERVENCIÓN.....................68

SECCIÓN 4.2: BASES TEÓRICAS Y FILOSÓFICAS DE LOS MODELOS.....................72

SECCIÓN 4.2: COMPARACIÓN DE MODELOS...77

MÓDULO 5: MODELOS Y SUS CARACTERÍSTICAS EN LA CONSEJERÍA CRISTIANA 84

SECCIÓN 5.1: REPASO DE LOS MODELOS DE INTERVENCIÓN 85

SECCIÓN 5.2: CARACTERÍSTICAS DE LOS MODELOS..90

SECCIÓN 5.3: VENTAJAS Y DESVENTAJAS DE CADA MODELO 94

MÓDULO 6: EL MODELO COGNITIVO-CONDUCTUAL APLICADO A LA CONSEJERÍA CRISTIANA 105

SECCIÓN 6.1: VENTAJAS Y DESVENTAJAS DE CADA MODELO 106

SECCIÓN 6.2: PRINCIPIOS DEL MODELO COGNITIVO-CONDUCTUAL 110

SECCIÓN 6.3: INTEGRACIÓN DE PRINCIPIOS BÍBLICOS 115

MÓDULO 7: EL MODELO SISTÉMICO FAMILIAR, APLICADO A LA CONSEJERÍA CRISTIANA 122

SECCIÓN 7.1: INTRODUCCIÓN AL MODELO-SISTÉMICO FAMILIAR 123

SECCIÓN 7.2: PRINCIPIOS DEL MODELO SISTÉMICO-FAMILIAR 127

SECCIÓN 7.3: INTEGRACIÓN DE PRINCIPIOS BÍBLICOS 134

MÓDULO 8: EL MODELO DE CONFRONTACIÓN (NOUTÉTICO) APLICADO A LA CONSEJERÍA CRISTIANA 140

SECCIÓN 8.1: INTRODUCCIÓN AL MODELO DE CONFRONTACIÓN (NOUTÉTICO) 141

SECCIÓN 8.2: PRINCIPIOS DEL MODELO DE CONFRONTACIÓN (NOUTÉTICO) 145

SECCIÓN 8.3: INTEGRACIÓN DE PRINCIPIOS BÍBLICOS 150

MÓDULO 9: EL MODELO DE ECLÉCTICO APLICADO A LA CONSEJERÍA CRISTIANA 159

SECCIÓN 9.1: INTRODUCCIÓN AL MODELO ECLÉCTICO 160

SECCIÓN 9.2: PRINCIPIOS DEL MODELO ECLÉCTICO 164

SECCIÓN 9.3: APLICACIÓN DEL MODELO ECLÉCTICO EN LA CONSEJERÍA CRISTIANA 174

MÓDULO 10: EL USO DE PRUEBAS, TESTS Y OTROS RECURSOS EN LA INTERVENCIÓN...181

SECCIÓN 10.1: INTRODUCCIÓN AL USO DE PRUEBAS Y TESTS 182

SECCIÓN 10.2: IMPORTANCIA Y BENEFICIOS DEL USO DE PRUEBAS 186

SECCIÓN 10.3: TIPOS DE PRUEBAS Y RECURSOS UTILIZADOS 192

PRÓLOGO

Bienvenido a este emocionante capítulo de tu formación en la Especialidad en Intervención Terapéutica E6 en Consejería Bíblica Familiar. Este cuaderno de tareas y ayudas es una herramienta invaluable que te acompañará en tu búsqueda de conocimiento y excelencia en la consejería.

A lo largo de tu especialización, has profundizado en las complejidades de la intervención terapéutica y has adquirido habilidades avanzadas para guiar y sanar a través de la consejería bíblica. Ahora, este cuaderno se convierte en tu aliado en el proceso de revisar y fortalecer tus conocimientos. Cada tarea, cada pregunta y cada reflexión están diseñadas para ayudarte a repasar, reflexionar y aplicar tus habilidades con confianza y maestría.

Considera este cuaderno como tu herramienta para la revisión y la aplicación práctica. Cada página que completes es un paso hacia una comprensión más profunda y una mayor competencia en la consejería bíblica. Aquí encontrarás un espacio donde tus conocimientos académicos convergen con la realidad de ser un consejero especializado en intervención terapéutica. La consejería terapéutica es un viaje de crecimiento continuo y profundo. A medida que avanzas a través de este cuaderno, estarás construyendo puentes entre la teoría y la práctica, entre la formación y la acción. Cada tarea completada es un paso más hacia una consejería que tiene el potencial de transformar vidas de manera profunda.

Tu llamado como consejero especializado es de vital importancia. Eres un agente de curación y transformación en las vidas de aquellos que atenderás. Al completar las tareas de este cuaderno, recuerda que estás equipándote para brindar apoyo y sanidad a través de la intervención terapéutica basada en principios bíblicos.

Cada tarea completada es una inversión en tu desarrollo profesional y personal. Cada reflexión escrita te lleva más cerca de comprender la complejidad de la consejería terapéutica y cómo puedes influir en la vida de otros de manera poderosa. Este cuaderno es un testimonio tangible de tu compromiso y pasión por marcar una diferencia en la vida de las personas.

Al final de estas páginas, encontrarás pensamientos bíblicos que te recordarán la importancia de perseverar, crecer y mantener una conexión profunda con Dios en tu camino. Tu labor como consejero terapéutico tiene un propósito y un impacto eterno. Continúa tu preparación académica y espiritual, sabiendo que estás equipado para enfrentar desafíos y transformar vidas.

Este cuaderno es tu herramienta para el crecimiento, la práctica y la aplicación. Cada tarea que realices es un paso hacia adelante en tu capacidad para guiar y sanar a través de la consejería bíblica terapéutica. Estamos emocionados por esta última etapa de tu formación y estamos aquí para apoyarte en cada paso del camino.

Con gratitud y expectación
Ismael Mejía Silva

Director para Mexico de EICU

MÓDULO 1: INTERVENCIÓN TERAPÉUTICA EN LA CONSEJERÍA

SECCIÓN 1.1: DEFINICIÓN DE INTERVENCIÓN TERAPÉUTICA Y SUS CARACTERÍSTICAS

Cuestionario.

1. ¿Qué es la intervención terapéutica en el contexto de la consejería cristiana?

    a) Un proceso para ganar dinero.

    b) Un proceso para abordar desafíos emocionales, espirituales y psicológicos.

    c) Un proceso de conversión religiosa.

2. ¿Cuál es el objetivo principal de la intervención terapéutica en la consejería cristiana?

    a) Fortalecer la relación con amigos.

    b) Fomentar la sanidad y el crecimiento.

    c) Aprender a realizar rituales religiosos.

3. ¿De dónde proviene el término "terapeuta" y cuál es su significado original?

    a) Proviene del latín y significa "sanador".

    b) Proviene del griego y significa "servidor" o "aquel que atiende".

    c) Proviene del hebreo y significa "profeta".

4. ¿Qué se entiende por "terapia" en el contexto de la atención médica y psicológica?

    a) Un proceso de oración.

    b) Métodos y enfoques para tratar y cuidar a personas con desafíos emocionales, psicológicos o físicos.

    c) Un acto de caridad.

5. ¿Qué principios bíblicos respaldan la idea de la intervención terapéutica en la consejería cristiana?
 a) Los principios de acumular riquezas.
 b) La idea de que Dios es el sanador supremo y la Biblia proporciona guía.
 c) La prohibición de buscar ayuda externa.

6. ¿En qué evangelio encontramos pasajes que describen cómo Jesús brindó terapia espiritual y física?
 a) Marcos.
 b) Juan.
 c) Lucas y Mateo.

7. ¿Cuál de los siguientes pasajes muestra a Jesús sanando a los enfermos al poner sus manos sobre ellos?
 a) Lucas 4:40.
 b) Mateo 8:16.
 c) Juan 3:16.

8. ¿Cómo enfatiza Pablo la importancia de la unidad y la diversidad en la Iglesia?
 a) En 1 Corintios 12:12-27.
 b) En Efesios 4:4.
 c) En Hechos 1:8.

7. Según Gálatas 6:2, ¿qué insta Pablo a los creyentes a hacer?
 a) Llevar las cargas de los demás.
 b) Ignorar a los demás.
 c) No ayudar a los demás.

8. ¿Cuál de los siguientes versículos de Filipenses habla sobre traer preocupaciones ante Dios y experimentar su paz?
 a) Filipenses 4:6-7.
 b) Filipenses 2:5.
 c) Filipenses 1:21-22.

Respuestas correctas:
- 1. b)   2. b)   3. b).   4. b).   5. b).   6. c)   7. a)   8. a).   9. a)   10. a)

APORTES FINALES:

I. Enfoque en la Sanidad Espiritual:
La intervención terapéutica en la consejería cristiana tiene como objetivo primordial la sanidad espiritual de los individuos.
- Esto significa abordar no solo sus desafíos emocionales y psicológicos, sino también su relación con Dios.
- La sanidad espiritual se basa en la creencia de que Dios es el sanador supremo.
- La Biblia enseña que Dios tiene el poder de sanar tanto el cuerpo como el espíritu, y la intervención terapéutica busca facilitar este proceso.

II. Uso de Principios Bíblicos:
La intervención terapéutica se apoya en principios bíblicos como la compasión, el amor al prójimo y la búsqueda de la sabiduría divina a través de las Escrituras.
- La Biblia proporciona guía y consejo para enfrentar los problemas de la vida.
- En la consejería cristiana, se utilizan las Escrituras como fuente de sabiduría y orientación para ayudar a las personas a tomar decisiones saludables y alinear sus vidas con los valores cristianos.

III. Cuidado Mutuo en la Comunidad:
La comunidad cristiana desempeña un papel esencial en la intervención terapéutica.
- Los creyentes se alientan y apoyan mutuamente en momentos de dificultad.
- La noción de "llevar las cargas de los demás", como se menciona en Gálatas 6:2, subraya la importancia del cuidado mutuo.
- Esto implica estar dispuestos a ayudar a los hermanos y hermanas en la fe cuando enfrentan desafíos emocionales, espirituales o físicos.

IV. El Ejemplo de Jesús:

Jesús es un modelo supremo de cómo la compasión y el servicio pueden llevar a la sanidad y la restauración.

- En los evangelios, vemos cómo Él se preocupaba por los enfermos, los necesitados y los afligidos.
- Los pasajes bíblicos como Lucas 4:40 y Mateo 8:16 ilustran cómo Jesús sanaba a las personas, poniendo las manos sobre ellas o expulsando demonios.
- Estos actos demuestran la importancia de la atención terapéutica en la vida de Jesús y cómo se alinea con los principios cristianos de cuidado y servicio.

V. Diversidad de Enfoques:

Aunque la terminología moderna de "terapia" no se usa en la Biblia, los principios subyacentes de cuidado, apoyo y atención se pueden encontrar en las enseñanzas de Pablo y en la práctica de Jesús.

- Pablo, a pesar de no utilizar directamente términos como "terapia" o "terapéutico", insta a los creyentes a llevar las cargas de los demás (Gálatas 6:2) y a edificarse mutuamente (1 Tesalonicenses 5:11), lo que se puede interpretar como un enfoque terapéutico de apoyo y acompañamiento en momentos de dificultad.
- Esto muestra que la consejería cristiana abarca una variedad de enfoques basados en los principios cristianos de amor, compasión y cuidado por los demás.

Estos aportes resaltan la profunda conexión entre la fe cristiana y la intervención terapéutica, enfocándose en la sanidad espiritual, la guía de las Escrituras, el cuidado mutuo en la comunidad, el ejemplo de Jesús y la diversidad de enfoques que abarcan un enfoque terapéutico en el contexto cristiano.

SECCIÓN 1.2: CARACTERÍSTICAS CLAVE DE LA INTERVENCIÓN TERAPÉUTICA

Cuestionario.

1. ¿Cuál de las siguientes características es fundamental para establecer una relación de confianza en la consejería cristiana?

    a) Rigidez en las creencias del consejero.

    b) Empatía y respeto hacia el aconsejado.

    c) Ignorar las creencias del aconsejado.

2. ¿Por qué es esencial mantener la confidencialidad en la consejería cristiana?

    a) Para poder compartir la información con otros.

    b) Para crear un ambiente seguro en el que el aconsejado pueda hablar abiertamente.

    c) Para juzgar al aconsejado en base a sus revelaciones.

3. ¿Qué significa la orientación hacia la solución en la intervención terapéutica?

    a) Explorar los problemas pero no buscar soluciones.

    b) Identificar soluciones prácticas y ayudar al aconsejado a tomar medidas concretas.

    c) Dejar que el aconsejado resuelva sus problemas por sí mismo.

4. ¿Por qué es importante que un consejero sea adaptable en su enfoque?

    a) Porque todos los aconsejados son iguales.

    b) Porque cada individuo responde de manera diferente a las estrategias de consejería.

    c) Porque la consejería no necesita adaptarse a las necesidades del aconsejado.

5. ¿Qué papel desempeña la cosmovisión cristiana en la consejería cristiana?

    a) No tiene ningún papel en la consejería.

    b) Guía cómo se brinda asesoramiento y apoyo desde una perspectiva basada en la fe y la enseñanza bíblica.

    c) Solo se aplica a cuestiones teológicas, no a la consejería.

6. ¿Qué base utiliza la consejería bíblica para proporcionar orientación y sabiduría?

    a) La filosofía personal del consejero.

    b) Las Escrituras como la autoridad final en la vida y las cuestiones humanas.

    c) Las opiniones populares de la sociedad.

7. ¿Por qué es importante considerar el aspecto holístico de la persona en la consejería bíblica?

    a) Porque solo el aspecto emocional es relevante.

    b) Porque la persona es creada a imagen de Dios en su totalidad.

    c) Porque solo el aspecto físico es importante.

8. ¿Cómo aborda la cosmovisión cristiana el tema del pecado en la vida humana?

    a) Lo ignora por completo.

    b) Lo ve como la causa de todo sufrimiento y problemas.

    c) No tiene una perspectiva clara sobre el pecado.

9. ¿Qué busca la consejería bíblica en términos de la relación con Dios?

    a) Busca alejar a las personas de Dios.

    b) Ayudar a los aconsejados a entender cómo su relación con Dios puede influir en su bienestar emocional y mental.

    c) No presta atención a la relación con Dios.

10. ¿Cuál es el papel del Espíritu Santo en la consejería bíblica?

    a) No tiene ningún papel.

    b) El Espíritu Santo es la única fuente de sanidad y crecimiento.

    c) Solo ayuda en situaciones de emergencia.

Respuestas correctas:

- 1. b)   2. b)   3. b).   4. b).   5.b).   6. b)   7. b)   8. b).   9. b)   10. b)

APORTES FINALES:

I. Empatía y Respeto:
- La empatía genuina y el respeto hacia el aconsejado reflejan el corazón de la enseñanza de Jesús.
- Jesús mismo demostró profunda empatía hacia las personas que sufren, sanando a los enfermos y mostrando comprensión hacia los pecadores arrepentidos. (Lucas 7:47).
- El respeto por la dignidad y las creencias del aconsejado se alinea con la enseñanza de Jesús de amar al prójimo como a uno mismo y tratar a los demás como desearíamos ser tratados (Mateo 22:39, Lucas 6:31).

II. Confidencialidad:
- La confidencialidad en la consejería cristiana refleja la importancia de la confianza, un valor central en la fe cristiana.
- La Biblia enfatiza la confianza en Dios y en los demás como un componente esencial de las relaciones saludables (Proverbios 3:5-6).
- El respeto por la privacidad del aconsejado también se relaciona con el principio de honrar a los demás y proteger su reputación, un aspecto importante de la ética cristiana (Éxodo 20:16).

III. Orientación Hacia la Solución:
- La consejería cristiana no solo se limita a identificar problemas, sino que busca soluciones prácticas.
- Este enfoque refleja el deseo de ayudar al aconsejado a experimentar la redención y la restauración que ofrece Jesucristo (2 Corintios 5:17).
- Jesús mismo ofreció soluciones a problemas espirituales y emocionales, brindando una senda hacia la sanidad y la paz interior a través de la fe en Él (Mateo 11:28-30).

IV. Integración de la Cosmovisión Cristiana:
- La cosmovisión cristiana en la consejería reconoce que la verdad bíblica es una fuente inagotable de sabiduría y orientación.
- Los consejeros bíblicos guían a los aconsejados hacia una comprensión más profunda de cómo la fe puede influir en su sanidad y crecimiento (Salmo 119:105).

- La Biblia ofrece principios y enseñanzas sobre la vida, las relaciones y la espiritualidad que son fundamentales para abordar los desafíos que enfrentan las personas (2 Timoteo 3:16-17).

V. Papel del Espíritu Santo:
- En la consejería cristiana, se reconoce el papel del Espíritu Santo como guía, consolador y transformador en la vida de los creyentes.
- La dependencia en el Espíritu Santo se refleja en la humildad y la confianza en Dios en el proceso de sanidad (Juan 14:26).
- El Espíritu Santo fortalece la fe de los aconsejados y les ayuda a encontrar la paz y la dirección en medio de las luchas y desafíos de la vida (Romanos 15:13).

En resumen, estos aportes destacan cómo los valores y principios cristianos, enraizados en la enseñanza de Jesús y la verdad bíblica, influyen en la consejería cristiana.
- La consejería se convierte en un lugar donde la fe, la compasión y el cuidado mutuo se fusionan para brindar sanidad y crecimiento en el contexto de la relación consejero-aconsejado.

ENSAYO:

La Biblia como Fuente de Autoridad en la Cosmovisión Cristiana de la Consejería
Introducción

La cosmovisión cristiana de la consejería se distingue por su sólido fundamento en la Palabra de Dios, la Biblia.
- Para los cristianos, la Biblia es mucho más que un libro; es la revelación divina que guía sus vidas y la fuente suprema de autoridad en asuntos de conducta y moral.
- En este ensayo, exploraremos la importancia de la Biblia como palabra de Dios y su influencia en la consejería cristiana.
- Además, examinaremos el aporte de teólogos y consejeros cristianos notables que han contribuido significativamente a esta cosmovisión.

La Biblia como Palabra de Dios y Fuente de Autoridad

Desde el punto de vista cristiano, la Biblia es considerada la palabra inspirada de Dios.
- 2 Timoteo 3:16 establece: "Toda la Escritura es inspirada por Dios y útil para enseñar, para reprender, para corregir y para instruir en la justicia".
- Esta afirmación resalta la divina autoría de la Biblia y su propósito en la enseñanza y corrección de la humanidad.

La autoridad de la Biblia se extiende a todos los aspectos de la vida, incluyendo la consejería.
- Los principios y valores que se encuentran en las Escrituras sirven como el fundamento sobre el cual se basa la consejería cristiana.
- El Salmo 119:105 declara: "Lámpara es a mis pies tu palabra, y lumbrera a mi camino".
- Esta metáfora subraya la idea de que la Palabra de Dios ilumina el camino hacia la sabiduría y la orientación en la consejería.

Teólogos que Han Contribuido a la Cosmovisión Cristiana de la Consejería

- **Agustín de Hipona (354-430):** Agustín, considerado uno de los padres de la Iglesia, enfatizó la importancia de la gracia divina en la transformación del ser humano.
  - Su obra "Las Confesiones" ha influido en la consejería cristiana al destacar la necesidad de la gracia de Dios en el proceso de sanidad.

- **Martín Lutero (1483-1546):** El líder de la Reforma Protestante defendió la justificación por la fe y la importancia de una relación personal con Dios.
  - Estos conceptos han influido en la consejería cristiana al centrarse en la importancia de la fe en Cristo para la sanidad y la restauración.

- **John Owen (1616-1683):** Owen, teólogo puritano, abordó el tema del pecado y la redención de manera profunda.
  - Sus escritos sobre la mortificación del pecado y la vida en el Espíritu han tenido un impacto duradero en la consejería cristiana.

- **Jonathan Edwards (1703-1758):** Edwards exploró la importancia de la comunión con Dios y el avivamiento espiritual.
    - Su enfoque en la relación con Dios y la transformación del corazón ha influido en la consejería centrada en la espiritualidad.

- **Dietrich Bonhoeffer (1906-1945):** Bonhoeffer, teólogo y mártir cristiano, resaltó la necesidad de la "vida juntos" en la comunidad cristiana.
    - Su énfasis en el apoyo mutuo y el cuidado dentro de la iglesia ha impactado la consejería centrada en la comunidad de fe.

Consejeros Cristianos que Han Contribuido a la Cosmovisión Cristiana de la Consejería.

- **Jay Adams (1929-2020):** Adams es conocido por su enfoque en la consejería bíblica noutética, que se basa en la aplicación directa de las Escrituras para abordar problemas humanos.
    - Su obra "Competente para aconsejar" ha sido influyente en este campo.

- **Larry Crabb:** Crabb ha promovido una perspectiva de consejería centrada en la comunidad y en la transformación a través de la relación con Dios.
    - Su libro "Conexión divina" resalta la importancia de la relación con Dios en la consejería.

- **Gary Chapman:** Chapman es conocido por su libro "Los cinco lenguajes del amor", que ha ayudado a las parejas a entender y fortalecer sus relaciones.
    - Su enfoque en las relaciones humanas desde una perspectiva cristiana ha sido influyente.

- **Siang-Yang Tan:** Tan ha contribuido a la consejería cristiana desde una perspectiva multicultural y ha enfatizado la importancia de la espiritualidad y la salud mental en su obra "Counseling and Psychotherapy: A Christian Perspective".

- **Ed Welch:** Welch ha abordado temas de consejería relacionados con la lucha contra el pecado y la dependencia en Dios.
  - Su libro "Addictions: A Banquet in the Grave" ha influido en la consejería de adicciones desde una perspectiva cristiana.

Conclusión

En la cosmovisión cristiana de la consejería, la Biblia ocupa un lugar central como fuente de autoridad y guía en la búsqueda de la sanidad y la transformación.

- Teólogos y consejeros cristianos han contribuido significativamente a esta cosmovisión, enfatizando la importancia de la fe, la gracia divina y la relación con Dios en el proceso de consejería.
- La consejería cristiana se caracteriza por su enfoque en el ser humano como una creación de Dios y busca su bienestar emocional, mental y espiritual a la luz de las Escrituras.

SECCIÓN 1.3: CONSIDERACIONES ÉTICAS Y PROFESIONALES EN LA CONSEJERÍA

Cuestionario para evaluar el aprendizaje del alumno sobre el tema de consideraciones éticas y profesionales en la consejería.

1. ¿Qué son las consideraciones éticas en la consejería?

    a) Un conjunto de normas para controlar a los aconsejados.

    b) Principios y estándares morales que guían la práctica del consejero.

    c) Directrices para imponer creencias personales.

2. ¿Cuál de las siguientes es una consideración ética clave en la consejería?

    a) Impulsar creencias personales sobre los aconsejados.

    b) Respetar la autonomía de los clientes.

    c) Evitar la confidencialidad.

3. ¿Por qué es importante establecer límites adecuados en la relación consejero-aconsejado?

    a) Para fomentar la sobreidentificación.

    b) Para mantener la profesionalidad y prevenir la dependencia poco saludable.

    c) Para imponer opiniones personales.

4. ¿Cuál es el principio fundamental relacionado con la confidencialidad en la consejería?

    a) Revelar toda la información del aconsejado.

    b) Mantener la confidencialidad a menos que exista un riesgo claro y presente.

    c) Compartir la información con amigos del consejero.

5. ¿Por qué es importante la capacitación y supervisión en la consejería?

    a) Para evitar la formación continua.

    b) Para recibir orientación y evaluar el trabajo.

    c) Para imponer creencias religiosas.

6. ¿Cuál de las siguientes no es una implicación de faltar a las consideraciones éticas en la consejería?
    a) Repercusiones legales.
    b) Declive en la calidad profesional.
    c) Fortalecimiento de la confianza.

7. ¿Qué consecuencia puede tener la falta de confidencialidad en la consejería?
    a) Fortalecimiento de la relación de confianza.
    b) Divulgación no autorizada de información personal.
    c) Mayor respeto por la privacidad.

8. ¿Qué papel juega la dependencia en Dios en la consejería?
    a) No tiene relevancia en la consejería cristiana.
    b) Es fundamental, reconociendo a Dios como sanador y guía.
    c) Debe evitarse a toda costa.

9. ¿Cuál es uno de los propósitos de establecer límites adecuados en la consejería?
    a) Fomentar la sobreidentificación.
    b) Mantener la profesionalidad y prevenir la dependencia poco saludable.
    c) Impulsar creencias personales.

10. ¿Por qué es importante ser transparente acerca de las creencias y valores personales en la consejería?
    a) Para imponer creencias personales sobre los aconsejados.
    b) Para respetar la autonomía de los clientes.
    c) Para evitar la comunicación con los aconsejados.

Respuestas correctas:
- 1. b) 2. b) 3. b). 4. b). 5.b). 6. c) 7. b) 8. b). 9. b) 10. b)

Aportes Finales:

I. **La Importancia de la Ética:** La ética en la consejería es fundamental para mantener la integridad de la práctica y proteger a los aconsejados.
- Los consejeros deben seguir principios éticos para garantizar un ambiente seguro y de confianza.

II. **La Responsabilidad Profesional:** Los consejeros tienen la responsabilidad de buscar formación continua y supervisión para mejorar sus habilidades y prácticas.
- Esto asegura un alto nivel de competencia profesional.

III. **La Confidencialidad como Pilar:** La confidencialidad es esencial en la consejería, y su violación puede tener graves consecuencias.
- Los consejeros deben entender la importancia de respetar la privacidad de los aconsejados.

IV. **La Transparencia y la Autenticidad:** Ser transparente acerca de las creencias y valores personales ayuda a establecer una relación de confianza con los aconsejados.
- Esto permite un proceso de consejería más efectivo.

V. **La Dependencia en Dios:** Reconocer la dependencia en Dios como sanador y guía es un principio clave en la consejería cristiana.
- La fe y la oración desempeñan un papel fundamental en este proceso.

Test de Evaluación de la Práctica de Consejería:

Por favor, responde a las siguientes preguntas marcando la opción que mejor describe tu práctica de consejería.

1. **¿Cómo respetas la autonomía de tus aconsejados?**
    a) Siempre respeto su autonomía.
    b) A veces respeto su autonomía.
    c) No respeto su autonomía.

2. ¿Cómo estableces límites en la relación consejero-aconsejado?

a) Establezco límites claros.

b) A veces establezco límites.

c) No establezco límites.

3. ¿Cómo manejas la confidencialidad en tus sesiones de consejería?

a) Mantengo la confidencialidad de manera constante.

b) A veces mantengo la confidencialidad.

c) No mantengo la confidencialidad.

4. ¿Cuánto te comprometes en busca de capacitación y supervisión continua?

a) Busco capacitación y supervisión regularmente.

b) A veces busco capacitación y supervisión.

c) No busco capacitación ni supervisión.

5. ¿Eres transparente acerca de tus creencias y valores personales en la consejería?

a) Siempre soy transparente.

b) A veces soy transparente.

c) No soy transparente.

6. ¿Cómo incorporas la dependencia en Dios en tu práctica de consejería?

a) Reconozco la dependencia en Dios en todo momento.

b) A veces reconozco la dependencia en Dios.

c) No reconozco la dependencia en Dios.

7. ¿Cómo orientas a tus aconsejados hacia soluciones prácticas?

a) Siempre busco soluciones prácticas.

b) A veces busco soluciones prácticas.

c) No busco soluciones prácticas.

8. ¿Cuán adaptable eres a las necesidades de tus aconsejados?

a) Soy muy adaptable.

　　b) A veces soy adaptable.

　　c) No soy adaptable.

9. ¿Cómo integras la cosmovisión cristiana en tu consejería?

　　a) La integro de manera fundamental.

　　b) A veces la integro.

　　c) No la integro.

10. ¿Utilizas principios bíblicos en tu consejería?

　　a) Siempre utilizo principios bíblicos.

　　b) A veces utilizo principios bíblicos.

　　c) No utilizo principios bíblicos.

11. ¿Qué implica la confidencialidad en la consejería?

　　a) Revelar toda la información del aconsejado.

　　b) Mantener la información del aconsejado en secreto, a menos que haya un riesgo claro y presente para su seguridad o la de otros.

　　c) Compartir la información solo con amigos cercanos del aconsejado.

12. ¿Por qué es importante la transparencia en la consejería?

　　a) Para imponer creencias y valores personales al aconsejado.

　　b) Para crear un ambiente de confianza y respetar las creencias del aconsejado.

　　c) Para ocultar información a los aconsejados.

13. ¿Qué papel desempeña la supervisión y mentoría en la práctica de consejería?

　　a) No es necesario tener supervisión o mentoría en la consejería.

　　b) Proporcionan orientación y apoyo para el crecimiento profesional del consejero.

　　c) Son responsabilidad del aconsejado y no del consejero.

14. ¿Cuál es uno de los riesgos de la falta de cumplimiento ético en la consejería?

a) Mayor confianza entre el consejero y el aconsejado.

b) Repercusiones legales para el consejero.

c) Mayor calidad profesional del consejero.

15. ¿Qué papel juega la comunidad de apoyo en la consejería?

a) No tiene ningún impacto en la consejería.

b) Proporciona un sistema de respaldo y recursos para afrontar desafíos y dificultades.

c) Aumenta la dependencia del aconsejado en el consejero.

16. ¿Por qué es importante que los consejeros mantengan registros y documentación adecuados de las sesiones de consejería?

a) Para violar la privacidad de los aconsejados.

b) Para garantizar la confidencialidad y la privacidad de los aconsejados y evaluar el cumplimiento ético.

c) Para evitar la supervisión y mentoría.

17. ¿Qué significa establecer límites adecuados en la consejería?

a) No establecer límites claros con el aconsejado.

b) Mantener una relación profesional y prevenir la sobreidentificación o dependencia poco saludable.

c) Establecer límites extremadamente rígidos con el aconsejado.

18. ¿Qué implica buscar formación continua en la consejería?

a) Quedarse estancado en el conocimiento adquirido en la formación inicial.

b) Buscar oportunidades de aprendizaje y capacitación constante para mantenerse actualizado.

c) Dejar de aprender por completo después de la formación inicial.

19. ¿Cuál es uno de los beneficios de la transparencia en la consejería?

a) Crear un ambiente de desconfianza.

b) Establecer una relación efectiva y de confianza con el aconsejado.

c) Imponer creencias personales al aconsejado.

20. ¿Por qué es esencial que los consejeros eviten los conflictos de interés en la consejería?

a) Los conflictos de interés no tienen impacto en la consejería.

b) Para garantizar que la atención esté centrada en el bienestar del aconsejado y no en intereses personales o financieros.

c) Para aprovechar al máximo los intereses personales del consejero.

Espero que estas preguntas sean útiles para evaluar el conocimiento sobre consideraciones éticas y profesionales en la consejería. Por favor, proporciona las respuestas para que pueda evaluar los resultados.

Forma de Evaluación:

Una vez que el consejero haya completado el test, se puede calcular una puntuación en función de sus respuestas.

- Cada respuesta "A" representa un cumplimiento alto, cada respuesta "B" un cumplimiento medio y cada respuesta "C" un cumplimiento bajo.

La puntuación total se puede sumar y evaluar de la siguiente manera:

- Puntuación entre 18-20: Cumplimiento Alto.
- Puntuación entre 12-17: Cumplimiento Medio.
- Puntuación entre 0-11: Cumplimiento Bajo.

Esta evaluación proporcionará una indicación clara de en qué medida el consejero está siguiendo los principios y consideraciones éticas en su práctica de consejería y dónde puede ser necesario realizar mejoras.

Sugerencias para mejorar la práctica de consejería:

I. Mantener una Formación Continua:

La formación continua es esencial para mantenerse actualizado en las mejores prácticas de consejería y ética. Esto implica:

- Participar en seminarios, talleres y conferencias relacionadas con la consejería cristiana y la ética profesional.

- Buscar oportunidades de educación en línea o cursos académicos que aborden temas actuales en consejería y ética.
- Leer libros y literatura especializada para expandir el conocimiento y la comprensión en la materia.
- Mantenerse informado sobre cambios en las leyes y regulaciones que puedan afectar la práctica de consejería.

La formación continua permite al consejero mantenerse al día con las últimas investigaciones y enfoques terapéuticos, lo que beneficia tanto al aconsejado como al consejero en términos de calidad y efectividad en la consejería.

II. Fomentar la Transparencia:

La transparencia en la consejería es fundamental para crear un ambiente de confianza y para establecer una relación efectiva con el aconsejado. Esto implica:

- Ser honesto acerca de las limitaciones personales y profesionales como consejero. Reconocer cuando un tema está más allá de la competencia del consejero y referir al aconsejado a un especialista si es necesario.
- Comunicar de manera clara las creencias y valores personales sin imponerlos. Permitir que el aconsejado tenga espacio para expresar sus propias creencias y valores sin temor a juicio.
- Ser abierto sobre los métodos y enfoques utilizados en la consejería, explicando las razones detrás de las intervenciones terapéuticas.

La transparencia crea un ambiente de seguridad en el cual el aconsejado se siente libre para compartir sus pensamientos, sentimientos y desafíos de manera abierta.

III. Buscar Supervisión y Mentoría:

La supervisión y mentoría son recursos valiosos para el crecimiento y mejora profesional de un consejero. Esto implica:

- Buscar a un consejero o terapeuta experimentado que pueda servir como mentor y proporcionar orientación y apoyo.
- Participar en sesiones de supervisión en las cuales se revisan casos y se discuten desafíos éticos y clínicos con un supervisor competente.

- Aprender de la experiencia y conocimiento de colegas más experimentados en la consejería cristiana.

La supervisión y mentoría brindan la oportunidad de obtener una perspectiva externa sobre la práctica de consejería y recibir retroalimentación valiosa para el crecimiento profesional.

IV. Evaluar Regularmente el Cumplimiento Ético:

La evaluación continua del cumplimiento ético es esencial para garantizar que la práctica de consejería esté alineada con los principios y estándares éticos. Esto implica:

- Realizar autoevaluaciones periódicas para evaluar el propio desempeño ético y buscar áreas de mejora.
- Obtener retroalimentación de colegas o supervisores sobre el cumplimiento ético de la práctica.
- Mantener registros y documentación adecuados de las sesiones de consejería, asegurando la confidencialidad y la privacidad de los aconsejados.

La evaluación ética regular ayuda a identificar posibles desviaciones y permite tomar medidas correctivas oportunas para mantener la integridad en la consejería.

V. Promover el Apoyo en Comunidad:

Reconocer la importancia de la comunidad de apoyo es esencial tanto para el aconsejado como para el consejero. Esto implica:

- Fomentar la participación de los aconsejados en grupos de apoyo y redes de apoyo en su comunidad de fe.
- Buscar apoyo y colaboración con otros consejeros o terapeutas cristianos para compartir experiencias y conocimientos.
- Promover la creación de una red de recursos que incluya profesionales de la salud mental, pastores y líderes espirituales.
- La comunidad de apoyo brinda un sistema de respaldo y recursos para afrontar desafíos y dificultades tanto en la consejería como en la vida personal.
- En resumen, estas sugerencias no solo enriquecen la práctica de consejería, sino que también contribuyen a una consejería más ética, efectiva y centrada en la cosmovisión cristiana.

MÓDULO 2: CARACTERÍSTICAS DEL CONSEJERO INTERVENCIONISTA

SECCIÓN 2.1: PERFIL DEL CONSEJERO INTERVENCIONISTA

Cuestionario para evaluar el aprendizaje sobre el perfil del consejero intervencionista en la consejería cristiana.

1. ¿Cuál de las siguientes cualidades es esencial para un consejero intervencionista según la Biblia?

    a) Egoísmo

    b) Compasión

    c) Crítica

2. ¿Qué habilidad es clave para un consejero intervencionista en la consejería cristiana?

    a) Evitar la escucha activa

    b) Comunicarse de manera confusa

    c) Escuchar de manera atenta y sin juicio

3. Según Proverbios 2:6, ¿de dónde proviene la sabiduría necesaria para un consejero intervencionista?

    a) De los libros de autoayuda

    b) De la propia inteligencia

    c) De Dios

4. ¿Qué atributo es importante para un consejero intervencionista en la consejería cristiana?

    a) Arrogancia

    b) Dependencia en Dios

    c) Ignorancia

5. ¿Cuál de las siguientes cualidades no es deseable en un consejero intervencionista?

a) Honestidad

b) Empatía

c) Falsedad

6. ¿Qué principio bíblico respalda la idea de ser flexible y adaptarse en la consejería cristiana?

a) 1 Corintios 9:22

b) Proverbios 11:3

c) Mateo 22:39

7. ¿Qué pasaje bíblico insta a confiar en el Señor y no en la propia inteligencia?

a) Proverbios 2:6

b) Filipenses 2:4

c) Efesios 4:29

8. ¿Por qué es importante la humildad para un consejero intervencionista?

a) Porque le da todas las respuestas

b) Porque considera a los demás como inferiores

c) Porque es egoísta

9. ¿Cuál es uno de los desafíos en la consejería cristiana en términos de equilibrio?

a) Equilibrar el presupuesto

b) Equilibrar la dieta

c) Equilibrar ser compasivo y confrontativo

10. ¿Cuál de las siguientes figuras históricas influyó en la consejería cristiana y ofreció perspectivas sobre la intervención?

a) Albert Einstein

b) Jay E. Adams

c) William Shakespeare

Respuestas correctas:
- 1. b)   2. c)   3. c).   4. b).   5.c).   6. a)   7. a)   8. b).   9. c)   10. b)

Aportes finales:

I. **Utilizar el Poder de la Oración:** La oración desempeña un papel fundamental en la consejería cristiana.
- Más allá de ser una actividad religiosa, la oración es una herramienta poderosa para el consejero intervencionista.
- A través de la oración, el consejero puede buscar la guía divina, la sabiduría y la dirección específica para ayudar a los aconsejados.
- En momentos de dificultad o confusión, la oración proporciona un espacio para buscar respuestas y fortaleza en Dios.
- Además, la oración no solo beneficia al aconsejado, sino que también fortalece la relación del consejero con Dios, lo que le permite estar en sintonía con la voluntad divina.
- Un consejero que ora constantemente demuestra una profunda dependencia en Dios y busca su intervención en todo el proceso de consejería.

II. **Desarrollar la Empatía desde una Perspectiva Bíblica:** La empatía es la capacidad de comprender y compartir los sentimientos de otra persona.
- En la consejería cristiana, la empatía se basa en los principios bíblicos del amor al prójimo y la compasión.
- Amar al prójimo como a uno mismo (Mateo 22:39) es un mandamiento central en el cristianismo y proporciona un fundamento sólido para la empatía.
- Un consejero intervencionista debe aprender a relacionarse con los aconsejados desde una comprensión profunda de sus luchas y necesidades.
- Esto implica no solo escuchar sus palabras, sino también sentir con ellos.
- La empatía genuina crea un espacio seguro donde los aconsejados se sienten comprendidos y valorados, lo que es esencial para la construcción de una relación de confianza y el progreso en la consejería.

III. **Reconocer el Valor de la Gracia y la Redención:** La gracia y la redención son conceptos centrales en la fe cristiana.
- La gracia se refiere al amor inmerecido y el favor divino que Dios muestra hacia la humanidad, mientras que la redención implica ser liberado del pecado y restaurado a una relación correcta con Dios a través de la obra de Jesucristo.
- En la consejería cristiana, el consejero intervencionista debe ayudar a los aconsejados a comprender y experimentar la gracia de Dios.
- Esto significa recordarles que no importa cuán profundamente hayan caído en el pecado o en la desesperación, la gracia de Dios siempre está disponible para ellos.
- Además, el consejero debe guiar a los aconsejados hacia la idea de la redención y la transformación a través de Cristo.
- Esto ofrece esperanza y un camino hacia la sanidad emocional y espiritual.
- Los pasajes bíblicos como Efesios 2:8-9 y 1 Pedro 1:18-19 enfatizan la importancia de la gracia y la redención en la vida de los creyentes.

IV. **Practicar la Confidencialidad Responsable:** La confidencialidad es un principio ético crítico en la consejería.
- Sin embargo, también es importante comprender que existen excepciones éticas en las que la seguridad del aconsejado o de otros está en riesgo.
- La confidencialidad responsable implica mantener la privacidad de los aconsejados en la medida de lo posible, pero estar dispuesto a tomar medidas si se presenta una situación de peligro.
- La responsabilidad hacia el bienestar y la seguridad de los individuos es una prioridad superior.
- Esto se basa en principios bíblicos como el amor al prójimo y la responsabilidad de proteger vidas, como se ve en Levítico 19:16, que insta a no poner en peligro la vida de los demás.
- Un consejero intervencionista debe estar preparado para equilibrar la confidencialidad con la responsabilidad ética cuando sea necesario.

V. **Buscar el Equilibrio en la Intervención:** En la consejería, el equilibrio entre ser compasivo y confrontativo es un desafío constante.
- Un buen consejero intervencionista sabe cuándo ofrecer consuelo y apoyo, y cuándo desafiar constructivamente las creencias o comportamientos dañinos.
- En ocasiones, los aconsejados pueden necesitar una palabra de ánimo y comprensión, mientras que en otros momentos, requieren un enfoque más directo para enfrentar problemas o hábitos perjudiciales.
- La Biblia ofrece ejemplos de Jesús y los apóstoles usando tanto palabras de aliento como confrontación sabia, lo que ilustra la importancia de equilibrar estos enfoques.
- Un consejero que busca este equilibrio demuestra sabiduría y discernimiento, lo que es esencial para guiar eficazmente a los aconsejados hacia el cambio positivo y el crecimiento emocional y espiritual.

Estos aportes adicionales amplían la comprensión y la aplicación de las sugerencias para mejorar la práctica del consejero intervencionista en la consejería cristiana. Al incorporar estos principios y perspectivas en su trabajo, los consejeros pueden desempeñar un papel más efectivo en la sanidad y el crecimiento de aquellos a quienes sirven.

SECCIÓN 2.2: PERFIL DEL CONSEJERO INTERVENCIONISTA

Cuestionario para evaluar el aprendizaje sobre las características clave del perfil de un consejero intervencionista en la consejería cristiana.

1. ¿Qué implica la empatía genuina en la consejería cristiana?

    a) Comprender a los aconsejados sin esfuerzo

    b) Ponerse en los zapatos del otro y ofrecer un apoyo genuino

    c) Ignorar los sentimientos de los aconsejados

2. ¿Cuál de las siguientes habilidades es crucial para un consejero intervencionista?

    a) Comunicación confusa

    b) Escucha activa

    c) Crítica constante

3. ¿Por qué es importante la comunicación clara en la consejería cristiana?

    a) Para confundir a los aconsejados

    b) Para transmitir consejos complicados

    c) Para transmitir comprensión de manera efectiva

4. ¿Qué promueve el respeto incondicional en la relación consejero-aconsejado?

    a) Desconfianza

    b) Una atmósfera de confianza y apoyo

    c) Críticas constantes

5. ¿Qué significa la autoconciencia en la consejería?

    a) Ignorar las propias emociones

    b) Comprender las propias emociones, desencadenantes y sesgos

    c) Ser insensible a las emociones de los demás

6. ¿Por qué es importante la flexibilidad y adaptabilidad en la consejería cristiana?

    a) Para mantener un enfoque único para todos los casos

    b) Para ajustarse a las necesidades individuales de los aconsejados

    c) Para ser inflexible en las sesiones de consejería

7. ¿Qué implica el compromiso con el crecimiento personal para un consejero intervencionista?

    a) No es necesario crecer personalmente

    b) Esforzarse por crecer emocional, espiritual y profesionalmente

    c) Limitarse a brindar consejos sin mejora personal

8. ¿Por qué es importante que un consejero intervencionista establezca límites en la relación con los aconsejados?

    a) Para ser sobreinvolutario en la vida de los aconsejados

    b) Para evitar la dependencia poco saludable

    c) Para ignorar las necesidades de los aconsejados

9. ¿Qué promueve la humildad en la consejería cristiana?

    a) Arrogancia

    b) Admitir cuando no se tienen todas las respuestas y estar dispuesto a aprender

    c) Ignorar por completo las necesidades de los aconsejados

10. ¿Quién es el verdadero sanador según un consejero intervencionista en la consejería cristiana?

    a) El consejero

    b) Los aconsejados

    c) Dios

Respuestas correctas:

- 1. b)   2. b)   3. c).   4. b).   5.b).   6. b)   7. b)   8. b).   9. b)   10. c)

Aportes finales:

I. **La Importancia del Perdón:** Uno de los aspectos más cruciales de la consejería cristiana es la comprensión y aplicación del perdón.
   - La Biblia nos enseña en Mateo 6:14-15 que si perdonamos a otros, también seremos perdonados por Dios.
   - El consejero intervencionista debe enfatizar el perdón como un proceso liberador y sanador tanto para el aconsejado como para sí mismo.
   - Esto implica ayudar a los aconsejados a perdonar a quienes les han herido y, a su vez, buscar el perdón divino.

II. **La Guía del Espíritu Santo:** La dependencia en Dios es un pilar fundamental en la consejería cristiana.
   - El consejero intervencionista debe buscar la guía y el discernimiento del Espíritu Santo en cada paso del proceso de consejería.
   - Jesús nos prometió en Juan 14:26 que el Espíritu Santo nos enseñaría todas las cosas y nos recordaría Sus enseñanzas.
   - Esto significa que el consejero debe orar y confiar en el Espíritu Santo para dar sabiduría y dirección en las sesiones de consejería.

III. **La Autoevaluación Constante:** La autoconciencia es un principio importante en la consejería cristiana.
   - No solo se refiere a comprender nuestras propias emociones y motivaciones, sino también a evaluar constantemente nuestra práctica de consejería a la luz de los principios bíblicos y la dirección de Dios.
   - En 2 Corintios 13:5, se nos anima a examinarnos a nosotros mismos para asegurarnos de estar en la fe.
   - Del mismo modo, el consejero intervencionista debe evaluar su enfoque y técnicas para asegurarse de que estén alineados con la Palabra de Dios.

IV. **La Apertura a la Corrección:** La humildad es una virtud esencial para el consejero intervencionista.
- En Proverbios 12:15 se nos aconseja escuchar consejo y aceptar la corrección, lo que significa que debemos estar dispuestos a aprender y crecer a través de la retroalimentación, tanto de los aconsejados como de colegas y mentores.
- La humildad permite al consejero reconocer que no tiene todas las respuestas y que siempre hay espacio para mejorar.

V. **El Rol de la Comunidad de Fe:** La comunidad de fe, como la iglesia, desempeña un papel vital en la consejería cristiana.
- En Hebreos 10:24-25, se nos insta a reunirnos y animarnos mutuamente en el amor y las buenas obras.
- El consejero intervencionista debe alentar a los aconsejados a buscar apoyo y comunidad dentro de su iglesia local, donde puedan encontrar fortaleza espiritual y emocional.
- Además, el consejero mismo puede beneficiarse de la comunidad de fe al buscar orientación y oración de colegas y líderes espirituales.

En resumen, estos aportes adicionales destacan la importancia del perdón, la guía del Espíritu Santo, la autoevaluación constante, la apertura a la corrección y el papel vital de la comunidad de fe en la consejería cristiana.
- Estos principios bíblicos enriquecen la práctica del consejero intervencionista y contribuyen al crecimiento espiritual y emocional tanto de los aconsejados como del propio consejero.

Test de Características Clave del Perfil del Consejero Intervencionista

1. ¿Con qué frecuencia demuestras empatía genuina hacia los aconsejados?
- A) Siempre
- M) A veces
- B) Raramente o nunca

2. ¿Cómo describirías tu habilidad de escucha activa?

    A) Excelente, siempre escucho con atención.

    M) A veces tengo dificultades para mantener la concentración.

    B) Tengo dificultades para escuchar activamente.

3. ¿Cuán efectiva es tu comunicación clara al transmitir consejos y orientación?

    A) Muy efectiva, siempre me aseguro de comunicarme de manera clara.

    M) A veces, podría mejorar mi comunicación.

    B) No soy efectivo/a en la comunicación clara.

4. ¿Cómo sueles mostrar respeto incondicional hacia los aconsejados?

    A) Siempre muestro respeto, independientemente de su situación.

    M) A veces, pero puedo mejorar en este aspecto.

    B) Tengo dificultades para mostrar respeto incondicional.

5. ¿En qué medida te conoces a ti mismo/a y entiendes tus propias emociones?

    A) Tengo una gran autoconciencia.

    M) Tengo cierta autoconciencia, pero podría mejorar.

    B) No soy consciente de mis propias emociones.

6. ¿Eres flexible y adaptable en tu enfoque de consejería?

    A) Soy muy flexible y me adapto a las necesidades de cada persona.

    M) A veces, pero a veces tengo dificultades para adaptarme.

    B) No soy flexible y tengo dificultades para adaptarme.

7. ¿Cuánto te comprometes con tu propio crecimiento personal y profesional?

    A) Estoy comprometido/a en crecer constantemente.

    M) Me esfuerzo por crecer, pero podría hacer más.

    B) No me comprometo con mi crecimiento personal.

8. ¿Cómo estableces y mantienes límites saludables en tu relación con los aconsejados?

    A) Siempre establezco y mantengo límites saludables.

M) A veces tengo dificultades para establecer límites claros.

B) No soy capaz de establecer límites saludables.

9. ¿Cuán humilde y auténtico/a eres en tu consejería?

A) Soy muy humilde y auténtico/a.

M) Intento ser humilde y auténtico/a, pero a veces fallo.

B) No soy humilde ni auténtico/a en mi consejería.

10. ¿En qué medida dependes en Dios para la sabiduría y la guía en tu consejería?

A) Dependo totalmente en Dios en mi consejería.

M) Dependo en Dios, pero a veces confío en mi propia sabiduría.

B) No dependo en Dios en mi consejería.

11. ¿Cómo respondes cuando recibes corrección o retroalimentación de otros?

A) Aprecio y acepto la corrección de manera humilde.

M) A veces, acepto la corrección, pero a veces la rechazo.

B) Rechazo la corrección y no la aprecio.

12. ¿Cómo promueves la participación de los aconsejados en la comunidad de fe?

A) Siempre animo a los aconsejados a participar en la comunidad de fe.

M) A veces, les menciono la importancia de la comunidad de fe.

B) No promuevo la participación en la comunidad de fe.

Evaluación:

Suma el número de respuestas "A" y obtén el resultado.

Suma el número de respuestas "M" y obtén el resultado.

Suma el número de respuestas "B" y obtén el resultado.

El nivel de cumplimiento se evalúa de la siguiente manera:

Alto Cumplimiento: Mayoría de respuestas "A".

Medio Cumplimiento: Mayoría de respuestas "M".

Bajo Cumplimiento: Mayoría de respuestas "B".

SECCIÓN 2.3: DESARROLLO PERSONAL Y ESPIRITUAL DEL CONSEJERO

Cuestionario sobre Desarrollo Personal y Espiritual del Consejero Intervencionista.

1. ¿Por qué es importante que un consejero intervencionista se comprometa con su crecimiento personal y espiritual?

a) Porque es una moda en la consejería actual.

b) Porque solo así puede obtener una certificación.

c) Porque mejora su eficacia en la consejería cristiana.

2. ¿Cuál es uno de los aspectos del desarrollo personal mencionado en la sección?

a) Estudiar únicamente teología.

b) Búsqueda activa de autoconocimiento.

c) Realizar muchas horas de consejería.

3. ¿Qué implica el desarrollo espiritual de un consejero?

a) Asistir a conferencias sobre consejería.

b) Estudiar la Biblia y tener una relación cercana con Dios.

c) Tomar cursos de psicología.

4. ¿Cómo puede el autoconocimiento ayudar al consejero en su labor?

a) Para criticar a los aconsejados.

b) Para comprender mejor sus propias luchas y emociones, promoviendo la empatía hacia los aconsejados.

c) Para ignorar por completo las emociones.

5. ¿Qué dice Jeremías 17:9 sobre el corazón humano?

a) Que el corazón humano es siempre bueno.

b) Que el corazón humano es engañoso.

c) Que el corazón humano es perfecto.

6. ¿Por qué es importante que un consejero sea un ejemplo en palabra y conducta?

    a) Para imponer su voluntad sobre los aconsejados.

    b) Para inspirar a los aconsejados a perseguir una vida auténtica y transformada.

    c) Para demostrar que es perfecto.

7. ¿Cómo puede la profundidad personal del consejero ayudar en la consejería?

    a) Haciendo que los aconsejados se sientan inferiores.

    b) Permitiéndole comprender y compartir las dificultades de los aconsejados.

    c) Ignorando por completo los problemas de los aconsejados.

8. ¿Qué habilidad se afina a través del crecimiento personal y espiritual del consejero?

    a) La habilidad de juzgar a los aconsejados.

    b) La habilidad de identificar las necesidades y dinámicas subyacentes de los aconsejados.

    c) La habilidad de ignorar a los aconsejados.

9. ¿Qué promete Isaías 40:31 en relación con la renovación?

    a) Promete que no habrá más desafíos.

    b) Promete que aquellos que esperan en el Señor renovarán sus fuerzas.

    c) Promete que no es necesario depender de Dios.

10. ¿Por qué es importante que un consejero busque el crecimiento continuo?

    a) Porque así puede obtener más clientes.

    b) Porque le permite mantenerse actualizado en enfoques terapéuticos y teológicos.

    c) Porque la consejería es una profesión pasajera.

Respuestas correctas:
- 1. c)   2. b)   3. b).   4. b).   5.b).   6. b)   7. b)   8. b).   9. b)   10. b)

Aportes finales:

I. **Buscar la sabiduría de Dios:** Los consejeros pueden enriquecer su crecimiento espiritual al buscar constantemente la sabiduría divina a través de la oración y el estudio de la Biblia.
   - Proverbios 2:6 nos recuerda que "el Señor da la sabiduría, y de su boca vienen el conocimiento y la inteligencia".
   - Al reconocer su dependencia de Dios para guiar su consejería, los consejeros pueden fortalecer su relación espiritual y ofrecer consejo fundamentado en la sabiduría divina.

II. **Mentoría espiritual:** Los consejeros pueden buscar mentores espirituales que los guíen en su crecimiento personal y espiritual.
   - Siguiendo el ejemplo de Pablo y Timoteo en 2 Timoteo 2:2, pueden aprender de aquellos que tienen más experiencia en su caminar con Dios.
   - Esta mentoría puede proporcionar orientación, responsabilidad y un modelo a seguir en la vida espiritual del consejero.

III. **Comunidad de fe:** Formar parte de una comunidad de fe sólida es esencial para el crecimiento espiritual.
   - Hebreos 10:24-25 enfatiza la importancia de congregarse y estimularse mutuamente al amor y las buenas obras.
   - Los consejeros pueden encontrar apoyo, compañerismo y aliento en una comunidad de creyentes que comparten su fe y valores. Esta comunidad puede servir como un refugio espiritual en momentos de desafío y duda.

IV. **Aplicación de principios bíblicos:** Los consejeros pueden enriquecer su consejería al aplicar de manera efectiva los principios bíblicos en la vida de los aconsejados.
   - Siguiendo la exhortación de Santiago 1:22, pueden ser hacedores de la Palabra, lo que implica no solo conocer la Biblia, sino también vivirla y aplicarla en sus vidas y en la consejería.
   - Esto permite que la Palabra de Dios sea una guía práctica y transformadora para aquellos a quienes aconsejan.

V. **Hacer de la consejería una forma de adoración:** Los consejeros pueden elevar su labor a una forma de adoración a Dios.
- Colosenses 3:17 nos insta a hacer "todo en el nombre del Señor Jesús".
- Al ver su consejería como un acto de servicio a Dios y de amor hacia los demás, los consejeros pueden encontrar un propósito más profundo en su trabajo.
- Esto les ayuda a mantener una actitud de humildad y gratitud, reconociendo que están contribuyendo al crecimiento espiritual y emocional de los aconsejados como parte de su servicio a Dios.

En resumen, el crecimiento personal y espiritual del consejero intervencionista es esencial para su efectividad en la consejería cristiana.
- Al buscar la sabiduría de Dios, buscar mentores espirituales, participar en una comunidad de fe, aplicar principios bíblicos y considerar su consejería como una forma de adoración, los consejeros pueden enriquecer su relación con Dios y su capacidad para guiar a otros en su viaje de sanidad y transformación.
- Estos principios bíblicos fortalecen su base espiritual y promueven una consejería arraigada en valores cristianos y en la sabiduría divina.

Caso de Intervención Terapéutica: Daniel y su Manejo de la Ira

Sesión 1: Evaluación Inicial y Establecimiento de Objetivos

El consejero, Sara, se reúne con Daniel, un hombre de 35 años que ha buscado ayuda debido a problemas en su manejo de la ira. La sesión inicial se centra en la evaluación y el establecimiento de objetivos.

Pautas y pasos:

Construcción de la relación: Sara comienza la sesión estableciendo una conexión empática con Daniel y asegurando un ambiente de confianza.

Evaluación de la situación: Sara utiliza preguntas abiertas para comprender mejor la historia y los desencadenantes de la ira de Daniel.

Establecimiento de objetivos: Sara trabaja con Daniel para identificar objetivos terapéuticos claros, como aprender a identificar las señales de ira, desarrollar estrategias de manejo de la ira y mejorar sus relaciones interpersonales.

Sesión 2: Autoconocimiento y Empatía

En esta sesión, Sara se enfoca en el autoconocimiento y la empatía, dos aspectos clave para el manejo de la ira.

Pautas y pasos:

Exploración del autoconocimiento: Sara guía a Daniel a reflexionar sobre sus propios patrones de ira, identificando situaciones desencadenantes y sus propias reacciones emocionales y físicas.

Fomento de la empatía: Sara utiliza ejercicios y escenarios hipotéticos para ayudar a Daniel a comprender las perspectivas de los demás en las situaciones de conflicto.

Aplicación bíblica: Sara comparte pasajes bíblicos que hablan sobre la importancia de la paciencia y la empatía, como Santiago 1:19-20.

Sesión 3: Estrategias de Manejo de la Ira

En esta sesión, Sara trabaja con Daniel en el desarrollo de estrategias concretas para manejar la ira.

Pautas y pasos:

Identificación de desencadenantes: Daniel y Sara identifican las situaciones o eventos que suelen desencadenar su ira.

Desarrollo de estrategias: Sara presenta técnicas específicas de manejo de la ira, como la respiración profunda, la visualización positiva y la comunicación asertiva.

Práctica de técnicas: Daniel practica estas técnicas durante la sesión y recibe tareas para llevar a cabo entre sesiones.

Sesión 4: Aplicación y Reflexión

En esta sesión, Daniel y Sara revisan la aplicación de las estrategias de manejo de la ira en situaciones de la vida real.

Pautas y pasos:
    Discusión de experiencias: Daniel comparte situaciones recientes en las que aplicó las estrategias aprendidas y cómo funcionaron.

    Ajustes y refinamientos: Sara y Daniel ajustan las estrategias según sea necesario y exploran cualquier desafío que haya surgido.

    Reflexión bíblica: Sara y Daniel consideran pasajes bíblicos sobre la paciencia y el perdón, como Efesios 4:31-32, y discuten su relevancia en su proceso de cambio.

Sesión 5: Plan de Mantenimiento y Cierre

En la última sesión, Sara y Daniel crean un plan de mantenimiento para asegurar que los cambios perduren y revisan el progreso.

Pautas y pasos:
    Creación del plan de mantenimiento: Sara y Daniel identifican estrategias para mantener el manejo efectivo de la ira a largo plazo, incluyendo el uso continuo de las técnicas aprendidas.

    Revisión de logros: Daniel reflexiona sobre cómo ha mejorado su manejo de la ira y cómo ha afectado positivamente sus relaciones.

    Despedida y seguimiento: Sara se despide de Daniel, ofreciendo seguimiento opcional si lo necesita en el futuro.

Este caso ficticio ilustra cómo un consejero intervencionista puede abordar los problemas de manejo de la ira de un paciente a lo largo de cinco sesiones, siguiendo una estructura que incluye evaluación, desarrollo de habilidades, aplicación, reflexión y planificación a largo plazo.

- Además, se incorporan principios bíblicos relevantes para apoyar el crecimiento personal y espiritual del paciente en el proceso de cambio.

Fragmentos de los diálogos entre el consejero, Sara, y el aconsejado, Daniel, en varias sesiones de la intervención terapéutica, enfatizando la parte bíblica y las tareas asignadas a Daniel para desarrollar en casa:

Sesión 1: Evaluación Inicial y Establecimiento de Objetivos

Sara: Hola Daniel, gracias por venir hoy. Quiero comenzar con una evaluación para comprender mejor tu situación. ¿Puedes hablarme un poco sobre las situaciones en las que experimentas más ira?

Daniel: Claro, Sara. Suelo enojarme mucho cuando siento que alguien me falta al respeto o cuando las cosas no salen como quiero.

Sara: Entiendo, Daniel. Ahora, hablemos sobre tus objetivos para la terapia. ¿Qué esperas lograr?

Daniel: Quiero aprender a controlar mi ira y no dejar que arruine mis relaciones con mi familia y amigos.

Sara: Eso suena como un objetivo importante. Recordemos también que estamos aquí desde una perspectiva cristiana. La Biblia nos dice en Proverbios 15:1 que "la respuesta amable quita la ira". En las próximas sesiones, exploraremos cómo aplicar estos principios bíblicos en tu vida.

Sesión 2: Autoconocimiento y Empatía

Sara: Daniel, en nuestra última sesión hablamos sobre la importancia del autoconocimiento. ¿Has tenido oportunidad de reflexionar sobre las situaciones que te desencadenan?

Daniel: Sí, he estado prestando más atención a mis reacciones y he notado que a menudo reacciono impulsivamente.

Sara: Eso es un buen comienzo, Daniel. Recuerda lo que dice Jeremías 17:9, "Engañoso es el corazón más que todas las cosas, y perverso". Esto nos muestra la importancia de reconocer nuestras propias debilidades. Además, quiero que esta semana practiques la autoevaluación cada vez que sientas enojo. Lleva un registro de tus emociones y las circunstancias que lo desencadenan.

Sesión 3: Estrategias de Manejo de la Ira

Sara: Daniel, hoy vamos a hablar sobre estrategias prácticas para manejar tu ira. Una técnica útil es la respiración profunda. Cuando sientas que la ira se acerca, intenta tomar algunas respiraciones profundas y lentas, como se menciona en Proverbios 14:29, "El que tarda en airarse es grande de entendimiento".

Daniel: Gracias, Sara. Lo intentaré.

Sara: Además, quiero que esta semana practiques la respiración profunda al menos una vez al día cuando te sientas enojado. También, cuando enfrentes una situación que normalmente te enoja, intenta aplicar lo que hemos hablado en sesión, como la comunicación asertiva.

Sesión 4: Aplicación y Reflexión

Daniel: Sara, apliqué la respiración profunda y la comunicación asertiva en una discusión con mi hermano, ¡y funcionó! No me enojé tanto como solía hacerlo.

Sara: Eso es genial, Daniel. Recuerda lo que dice Santiago 1:19, "Todos deben estar listos para escuchar, lentos para hablar y lentos para enojarse". Has estado poniendo en práctica este consejo bíblico.

Daniel: Sí, y me siento mejor por ello.

Sara: Para seguir fortaleciendo tu manejo de la ira, esta semana, intenta aplicar estas técnicas en al menos dos situaciones diferentes y registra tus experiencias. También, sigue reflexionando sobre pasajes bíblicos relacionados con la paciencia y el perdón.

Sesión 5: Plan de Mantenimiento y Cierre

Sara: Daniel, hoy vamos a hablar sobre cómo puedes mantener tu progreso a largo plazo. Recuerda que esta es una jornada continua.

Daniel: Entiendo, Sara. ¿Cómo puedo asegurarme de que esto dure?

Sara: En Proverbios 3:6 se nos dice que "en todos tus caminos reconoce a Dios, y Él enderezará tus sendas". Sigue buscando a Dios en tu vida diaria y en tus desafíos. Continúa aplicando las técnicas que hemos aprendido y, si alguna vez te encuentras luchando, no dudes en volver para más apoyo.

Daniel: Gracias, Sara, por ayudarme en este viaje.

Sara: Ha sido un placer trabajar contigo, Daniel. Recuerda que siempre estoy aquí si lo necesitas en el futuro.

Estos diálogos ilustran cómo el consejero, Sara, integra principios bíblicos en la intervención terapéutica y asigna tareas específicas a Daniel para desarrollar en casa.

- El enfoque en la espiritualidad y la aplicación práctica de la Biblia en la consejería ayuda a Daniel a abordar su manejo de la ira desde una perspectiva cristiana.

MÓDULO 3: RELACIÓN CONSEJERO-ACONSEJADO EN LA INTERVENCIÓN TERAPÉUTICA

SECCIÓN 3.1: LA RELACIÓN CONSEJERO-ACONSEJADO: IMPORTANCIA Y DINÁMICA

Cuestionario para evaluar el aprendizaje sobre el contenido "La Relación Consejero-Aconsejado: Importancia y Dinámica"

1. ¿Cuál es la importancia de la relación consejero-aconsejado?

a) Es un proceso burocrático.

b) Facilita la toma de decisiones y el desarrollo personal.

c) No tiene relevancia en la consejería.

2. ¿Qué papel desempeña la relación consejero-aconsejado en la toma de decisiones?

a) No tiene influencia en las decisiones.

b) Proporciona información objetiva y perspectivas alternativas.

c) Genera más confusión en el aconsejado.

3. ¿Qué beneficio puede obtener el aconsejado a través de la relación?

a) Un mayor sentido de confusión.

b) Desarrollo de autoconciencia y comprensión de sí mismo.

c) Pérdida de interés en sus metas y aspiraciones.

4. ¿En qué área puede ayudar la relación consejero-aconsejado en la resolución de problemas?

a) En la creación de nuevos problemas.

b) Analizando obstáculos y buscando soluciones efectivas.

c) Ignorando los desafíos.

5. ¿Cuál es uno de los beneficios de la red de contactos del consejero?

a) Provocar aislamiento en el aconsejado.

b) Brindar oportunidades de networking y crecimiento profesional.

c) Restringir las opciones del aconsejado.

6. ¿Cómo empodera la relación consejero-aconsejado al aconsejado?

    a) Reduciendo su confianza en sí mismo.

    b) Proporcionando recursos y herramientas para el desarrollo personal y profesional.

    c) Haciendo que dependa completamente del consejero.

7. ¿Qué es crucial establecer desde el principio de la relación consejero-aconsejado?

    a) Expectativas claras.

    b) Conflictos constantes.

    c) Confidencialidad.

8. ¿Cuál es un pilar fundamental en la relación consejero-aconsejado?

    a) Falta de respeto.

    b) Confidencialidad.

    c) Comunicación abierta.

9. ¿Qué implica la escucha activa en la dinámica de la relación?

    a) Ignorar lo que el otro está diciendo.

    b) Prestar atención completa y hacer preguntas para aclarar.

    c) Hablar constantemente sin escuchar al otro.

10. ¿Por qué es importante la flexibilidad y adaptación en la relación consejero-aconsejado?

    a) Para mantener la rigidez en la relación.

    b) Porque la dinámica puede evolucionar y cambiar con el tiempo.

    c) Para evitar cualquier cambio en la relación.

Respuestas correctas:

- 1. b)   2. b)   3. c).   4. b).   5.b).   6. b)   7. a)   8. b).   9. b)   10. c)

Aportes finales:

I. Confianza en la relación consejero-aconsejado:
    A. Proverbios 3:5-6: "Confía en el Señor con todo tu corazón y no te apoyes en tu propio entendimiento. Reconócelo en todos tus caminos, y él enderezará tus veredas."

II. Comunicación abierta y honesta:
    A. Efesios 4:25: "Por lo tanto, dejando la mentira, hable cada uno verdad con su prójimo, porque somos miembros los unos de los otros."

III. Empatía y comprensión:
    A. Romanos 12:15: "Gozaos con los que se gozan; llorad con los que lloran."

IV. Flexibilidad y adaptación:
    A. Eclesiastés 3:1: "Todo tiene su tiempo, y todo lo que se quiere debajo del cielo tiene su hora."

V. Finalización de la relación:
    A. Filipenses 1:6: "Estando persuadido de esto, que el que comenzó en vosotros la buena obra, la perfeccionará hasta el día de Jesucristo."

Estos aportes bíblicos pueden enriquecer la comprensión de la relación consejero-aconsejado desde una perspectiva espiritual y ética.

SECCIÓN 3.2: VENTAJAS DE UNA RELACIÓN SALUDABLE

Cuestionario para evaluar el aprendizaje sobre el contenido "Ventajas de una Relación Saludable"

1. ¿Cuál es uno de los pilares de una relación saludable en la consejería cristiana?

    a) Confusión y secreto.

    b) Confianza y apertura.

    c) Desconfianza y distanciamiento.

2. ¿Por qué es importante que el aconsejado se sienta cómodo compartiendo sus luchas internas?

    a) Para que el consejero pueda criticarlo.

    b) Facilita la exploración y el crecimiento espiritual.

    c) No tiene relevancia en la consejería cristiana.

3. ¿Qué beneficio aporta la apertura del aconsejado en la relación con el consejero?

    a) Dificulta la enseñanza y guía espiritual.

    b) Facilita el proceso de exploración y crecimiento espiritual.

    c) No tiene impacto en la relación.

4. ¿Qué permite una relación sólida entre el consejero y el aconsejado?

    a) Superficialidad en la exploración de problemas.

    b) Un análisis más profundo de los problemas.

    c) Mayor confusión en la consejería.

5. ¿En qué se basa la consejería cristiana efectiva en términos de la relación entre el consejero y el aconsejado?

    a) Imposición de opiniones por parte del consejero.

    b) Colaboración y respeto mutuo.

c) Aislamiento del aconsejado.

6. ¿Cómo guía el consejero al aconsejado en la consejería cristiana efectiva?

a) Imponiendo su opinión personal.

b) Facilitando el discernimiento y la toma de decisiones informadas.

c) Ignorando por completo al aconsejado.

7. ¿Qué potencial tiene una relación saludable en la consejería cristiana?

a) No tiene potencial para la transformación.

b) Puede catalizar el cambio y la transformación en la vida del aconsejado.

c) Solo se enfoca en la resolución de problemas.

8. ¿Qué implica la transformación en el contexto de la consejería cristiana?

a) Solo implica la resolución de problemas prácticos.

b) Incluye un crecimiento espiritual y una renovación de la mente.

c) No tiene relación con la consejería.

9. ¿Qué principios bíblicos son fundamentales en una relación efectiva entre el consejero y el aconsejado?

a) Amor y compasión exclusivamente.

b) Amor, compasión y cuidado mutuo.

c) La consejería cristiana no se basa en principios bíblicos.

10. En resumen, ¿qué ofrece una relación efectiva en la consejería cristiana?

a) Solo orientación práctica.

b) Un espacio de confianza y apertura para explorar, colaborar y experimentar transformación.

c) Una relación superficial sin impacto en la vida del aconsejado.

Respuestas correctas:
- 1. b)　2. b)　3. b).　4. b).　5.b).　6. b)　7. b)　8. b).　9. b)　10. b)

Aportes finales:

I. Confianza en la consejería cristiana (Proverbios 3:26):
- El versículo de Proverbios 3:26 enfatiza que el Señor es nuestra fuente de confianza. En la consejería cristiana, esta confianza es esencial.
- Los consejeros y aconsejados deben confiar en que Dios está presente en el proceso y que su sabiduría y amor guiarán sus interacciones.
- Esta confianza proporciona un fundamento sólido para abordar las luchas y vulnerabilidades con la certeza de que Dios está obrando en sus vidas.

II. Apertura y aceptación mutua (1 Juan 1:7):
- El pasaje de 1 Juan 1:7 destaca la importancia de caminar en la luz y tener comunión unos con otros.
- En la consejería cristiana, esto se traduce en la necesidad de abrirse y compartir sinceramente las luchas y pecados, sabiendo que la comunión y el perdón en Cristo son posibles.
- La aceptación mutua refleja el amor y la gracia de Dios, creando un espacio donde el aconsejado se siente amado y aceptado a pesar de sus fallas.

III. Colaboración en el amor (Efesios 4:2-3):
- Efesios 4:2-3 insta a la humildad, la amabilidad, la paciencia y la tolerancia en el amor.
- En la consejería cristiana, esta colaboración basada en el amor implica que tanto el consejero como el aconsejado trabajan juntos en un espíritu de humildad y respeto mutuo.
- Se esfuerzan por mantener la unidad del Espíritu, buscando la paz y la edificación mutua. Esta actitud fomenta un ambiente donde las enseñanzas bíblicas se aplican con amor y cuidado.

IV. Transformación en Cristo (Romanos 12:2):
- Romanos 12:2 nos llama a no conformarnos al mundo, sino a ser transformados mediante la renovación de nuestra mente.

- En la consejería cristiana, esto significa que el objetivo es ayudar al aconsejado a experimentar una transformación profunda en su vida, que va más allá de la solución de problemas prácticos.
- Se trata de ser renovado espiritualmente en Cristo, lo que implica un cambio en la forma en que pensamos, actuamos y vivimos a la luz de los principios bíblicos.

V. Crecimiento espiritual y cuidado mutuo (Gálatas 6:2):
- Gálatas 6:2 nos insta a ayudarnos mutuamente a llevar nuestras cargas, cumpliendo así la ley de Cristo.
- En la consejería cristiana, esto se traduce en el cuidado mutuo entre el consejero y el aconsejado.
- Ambas partes comparten las cargas emocionales y espirituales, apoyándose mutuamente en el proceso.
- Esto refleja el amor y la compasión de Cristo y permite un crecimiento espiritual significativo mientras se camina juntos en la fe.

Estos aportes bíblicos resaltan la importancia de una base sólida en la confianza en Dios, la apertura y aceptación mutua, la colaboración en el amor, la búsqueda de la transformación en Cristo y el cuidado mutuo en la consejería cristiana.
- Estos principios proporcionan una guía espiritual profunda para el proceso de consejería y enriquecen la experiencia tanto del consejero como del aconsejado.

SECCIÓN 3.3: PELIGROS Y DESAFÍOS EN LA RELACIÓN

Cuestionario para evaluar el aprendizaje sobre el contenido "Peligros y Desafíos en la Relación"

1. ¿Qué es la sobreidentificación en la relación consejero-aconsejado?

    a) Un vínculo sólido y saludable.

    b) Cuando el consejero se identifica demasiado con el aconsejado.

    c) La falta de comunicación en la consejería.

2. ¿Cómo puede afectar la sobreidentificación a la consejería?

    a) Facilita la objetividad y la toma de decisiones.

    b) Dificulta la objetividad del consejero y su capacidad para brindar perspectivas imparciales.

    c) No tiene impacto en la consejería.

3. ¿Qué son la transferencia y la contra-transferencia en la relación consejero-aconsejado?

    a) Fenómenos psicológicos que no afectan la consejería.

    b) Proyecciones de emociones y experiencias pasadas en la relación.

    c) Técnicas de comunicación en la consejería.

4. ¿Cómo pueden afectar la transferencia y la contra-transferencia en la consejería?

    a) Mejoran la dinámica de la relación.

    b) Comprometen la efectividad de la consejería al influir en la dinámica y los resultados.

    c) No tienen relevancia en la consejería cristiana.

5. ¿Cuál es uno de los peligros relacionados con la dependencia no saludable en la relación?

    a) Empoderar al aconsejado para tomar decisiones informadas.

    b) Desarrollar una dependencia poco saludable del consejero.

    c) No establecer límites claros desde el principio.

6. ¿Qué puede ocurrir si el aconsejado busca constantemente la aprobación o dirección del consejero?

    a) No hay impacto en la relación.

    b) Se fomenta la autonomía del aconsejado.

    c) Puede desarrollar una dependencia no saludable.

7. ¿Por qué es importante que el consejero establezca límites adecuados desde el principio de la relación?

    a) Para mantener una distancia emocional con el aconsejado.

    b) Para capacitar al aconsejado y evitar una dependencia no saludable.

    c) Para controlar las decisiones del aconsejado.

8. ¿Cuál es el objetivo de reconocer y abordar los patrones de transferencia y contra-transferencia?

    a) Mantener una distancia emocional con el aconsejado.

    b) Enfocarse en las necesidades del consejero.

    c) Mantener una relación saludable y enfocarse en las necesidades del aconsejado.

9. En la consejería cristiana, ¿qué debe ser esencial para abordar los peligros y desafíos en la relación?

    a) La falta de conciencia de los desafíos.

    b) La implementación de estrategias para gestionarlos.

    c) Ignorar los desafíos por completo.

10. ¿Cuál es el propósito principal de la relación consejero-aconsejado en la consejería cristiana?

a) Fomentar la sobreidentificación.

b) Promover la dependencia del aconsejado.

c) Beneficiar el crecimiento espiritual y emocional del aconsejado.

Respuestas correctas:
- 1. b)   2. b)   3. c).   4. b).   5.b).   6. c)   7. b)   8. c).   9. b)   10. c)

Aportes finales:

I. Concientización de la dependencia en Dios:

A. Salmo 62:8: "Confía en él en todo momento, pueblo; derrama ante él tu corazón, porque Dios es nuestro refugio."

II. Responsabilidad mutua en la relación:

A. Gálatas 6:1-2: "Hermanos, si alguno es sorprendido en alguna falta, ustedes que son espirituales deben restaurarlo con una actitud humilde. Pero cuídese cada uno, porque también puede ser tentado. Ayúdense mutuamente a llevar sus cargas, y así cumplirán la ley de Cristo."

III. Recurso en la oración:

A. Filipenses 4:6-7: "No se inquieten por nada; más bien, en toda ocasión, con oración y ruego, presenten sus peticiones a Dios y denle gracias. Y la paz de Dios, que sobrepasa todo entendimiento, cuidará sus corazones y sus pensamientos en Cristo Jesús."

IV. Discernimiento espiritual:

A. 1 Corintios 2:14: "El hombre natural no acepta las cosas del Espíritu de Dios, porque le parecen necedad; y no las puede entender, porque se disciernen espiritualmente."

V. Guía y sabiduría divina:
> A. Santiago 1:5: "Si a alguno de ustedes le falta sabiduría, pídasela a Dios, y él se la dará, pues Dios da a todos generosamente sin menospreciar a nadie."

Estos aportes bíblicos refuerzan la importancia de depender de Dios, la responsabilidad mutua, la oración, el discernimiento espiritual y la búsqueda de guía y sabiduría divina al enfrentar los peligros y desafíos en la relación consejero-aconsejado en el contexto de la consejería cristiana.

Caso Ficticio: Sesiones de Consejería con Problemas de Transferencia y Contra-Transferencia

Consejero: Juan
Aconsejada: Ana

Sesión 1: Estableciendo la Relación

En la primera sesión, Juan y Ana se conocen. Ana está lidiando con una pérdida reciente en su vida y busca apoyo emocional y orientación.

- Juan, el consejero, se siente conmovido por la tristeza de Ana y quiere ayudarla.
- Sin embargo, en el proceso, comienza a recordar su propia experiencia de pérdida y su dolor personal.
- A medida que Ana comparte sus sentimientos, Juan siente una intensa conexión emocional con ella y se ve arrastrado por su propia tristeza.
- Esto afecta su objetividad y su capacidad para ofrecer orientación imparcial.

Sesión 2: Transferencia de Emociones

En la segunda sesión, Ana se siente cada vez más cercana a Juan debido a su comprensión y apoyo emocional.

- Sin embargo, Ana comienza a proyectar en Juan sentimientos de amor y aprecio que van más allá de una relación terapéutica. Juan, por su parte, se da cuenta de que también ha desarrollado sentimientos de cariño hacia

- Ana debido a la empatía que siente por su sufrimiento. La transferencia de emociones se vuelve evidente en la relación, pero ninguno de los dos aborda directamente este tema. Juan no establece límites claros y permite que la relación se vuelva más personal de lo que debería.

Sesión 3: Contra-Transferencia No Abordada

En la tercera sesión, Ana menciona que se siente muy apegada a Juan y le confiesa que ha comenzado a pensar en él fuera de las sesiones.
- En lugar de abordar adecuadamente esta situación, Juan se siente halagado por las palabras de Ana y no establece los límites necesarios.
- Sus propias emociones están interfiriendo cada vez más en su capacidad para proporcionar una consejería efectiva.
- La contra-transferencia de Juan no se aborda y sigue comprometiendo el proceso.

Sesión 4: Dependencia no Saludable

En la cuarta sesión, Ana sigue buscando cada vez más la aprobación y orientación de Juan.
- Siente que él es la única fuente de apoyo en su vida y se ha vuelto dependiente de su consejo.
- Juan, aunque consciente de esta dinámica, no ha sabido establecer límites claros y sigue proporcionando un apoyo excesivo en lugar de fomentar la autonomía de Ana.
- La dependencia no saludable ha crecido en la relación y está afectando la capacidad de Ana para tomar decisiones por sí misma.

Sesión 5: Deterioro de la Relación

En la quinta sesión, la relación entre Juan y Ana se ha vuelto cada vez más confusa.
- La transferencia y la contra-transferencia han llevado a una dependencia emocional poco saludable.
- Juan se da cuenta de que la consejería se ha convertido en una relación emocionalmente cargada y poco profesional.

- Ana, aunque ha sentido apoyo, también se siente confundida por sus propios sentimientos hacia Juan.
- La falta de cuidado por parte de Juan al no abordar adecuadamente la transferencia y la contra-transferencia ha comprometido gravemente el proceso de consejería.

En este caso ficticio, la falta de cuidado por parte del consejero al no manejar adecuadamente la transferencia y la contra-transferencia ha llevado a una relación poco saludable y ha afectado negativamente el proceso de consejería.
- Es esencial que los consejeros sean conscientes de estos fenómenos y establezcan límites claros para mantener una relación terapéutica profesional y efectiva.

Diálogos en las Sesiones de Consejería: Transferencia y Contra-Transferencia

Sesión 1: Estableciendo la Relación
Ana: (Visiblemente emocionada) "Juan, estoy tan triste por la pérdida de mi padre. No sé cómo lidiar con esto."

Juan: (Con compasión) "Comprendo lo difícil que debe ser para ti, Ana. Perder a un ser querido es un dolor inmenso. Yo también he pasado por una pérdida parecida."

Sesión 2: Transferencia de Emociones
Ana: (Mirando a Juan con gratitud) "Juan, siento que eres la única persona que realmente me entiende en este momento. Estoy agradecida de haberte conocido."

Juan: (Sonriendo) "Me alegra poder ayudarte, Ana. Estoy aquí para apoyarte en este proceso."

Sesión 3: Contra-Transferencia No Abordada
Ana: (Con voz suave) "A veces, me encuentro pensando en ti, Juan, incluso fuera de las sesiones. Espero que no te parezca extraño."

Juan: (Halagado) "No me parece extraño en absoluto, Ana. Tu confianza significa mucho para mí."

Sesión 4: Dependencia no Saludable

Ana: (Nerviosa) "Juan, no sé qué haría sin ti. Tu consejo es lo único que me da esperanza."

Juan: (Sin establecer límites) "Estoy aquí para ayudarte en todo momento, Ana. Siempre puedes contar conmigo."

Sesión 5: Deterioro de la Relación

Ana: (Confundida) "Juan, últimamente, me siento muy confundida acerca de mis sentimientos hacia ti. No sé si esto está bien."

Juan: (Inseguro) "También me he sentido confundido, Ana. Nuestra relación se ha vuelto muy especial."

Estos diálogos ilustran cómo la transferencia y la contra-transferencia pueden infiltrarse de manera sutil en la relación entre el consejero y la aconsejada a lo largo de las sesiones.

- La falta de cuidado al no abordar adecuadamente estos fenómenos ha llevado a una relación cada vez más personal y emocionalmente cargada, lo que compromete el proceso de consejería y crea una dinámica poco saludable.
- Es esencial que los consejeros reconozcan y aborden estos temas de manera profesional y con límites claros para mantener la integridad del proceso terapéutico.

SECCIÓN 3.4: ESTRATEGIAS PARA CULTIVAR UNA RELACIÓN EFECTIVA

Cuestionario para evaluar el aprendizaje sobre el contenido "Estrategias para Cultivar una Relación Efectiva"

1. ¿Qué papel desempeña la empatía en una relación consejero-aconsejado?

a) Es irrelevante.

b) Es importante para comprender las necesidades y emociones del aconsejado.

c) Puede generar conflictos.

2. ¿Por qué es fundamental el respeto en la consejería cristiana?

a) No es necesario en este contexto.

b) Fomenta un ambiente seguro y de aceptación incondicional.

c) Puede ser percibido como debilidad.

3. ¿Cuál es uno de los propósitos de establecer límites claros en la relación terapéutica?

a) Hacer que el aconsejado se sienta controlado.

b) Mantener una dinámica profesional y saludable.

c) Evitar que el aconsejado tome sus propias decisiones.

4. ¿Por qué es importante que el consejero maneje la transferencia?

a) Para fomentar la dependencia del aconsejado.

b) Para evitar que el aconsejado desarrolle una dependencia poco saludable.

c) No tiene relevancia en la consejería.

5. ¿Cómo ayudan los límites a promover la autonomía del aconsejado?

a) Limitando completamente la participación del aconsejado.

b) Permitiendo que el aconsejado tome decisiones informadas por sí mismo.

c) Creando una relación autoritaria.

6. ¿Qué se entiende por contratransferencia en la relación consejero-aconsejado?

    a) La transferencia de emociones del aconsejado al consejero.

    b) Las reacciones emocionales del consejero hacia el aconsejado.

    c) Un proceso bíblico en la consejería cristiana.

7. ¿Qué beneficio puede aportar el reconocimiento de proyecciones en la consejería?

    a) No tiene relevancia en el proceso terapéutico.

    b) Permite al aconsejado trabajar con emociones transferidas desde experiencias pasadas.

    c) Crea conflictos innecesarios.

8. ¿Cuál es el objetivo principal del manejo adecuado de la transferencia?

    a) Fortalecer la dependencia del aconsejado.

    b) Prevenir que la relación se convierta en una distracción de los objetivos terapéuticos.

    c) Ignorar las emociones del aconsejado.

9. ¿Cómo contribuye el establecimiento de límites a la comunicación en la consejería?

    a) Creando un ambiente de secreto.

    b) Fomentando una comunicación abierta sobre expectativas y objetivos.

    c) Limitando la comunicación entre el consejero y el aconsejado.

10. ¿Cuál es el enfoque primordial tanto del establecimiento de límites como del manejo de la transferencia?

    a) El bienestar del aconsejado.

    b) El bienestar del consejero.

    c) El cumplimiento de objetivos personales.

Respuestas correctas:
- 1. b)　2. b)　3. b).　4. b).　5.b).　6. b)　7. b)　8. b).　9. b)　10. a)

Aportes para una Consejería Efectiva

Empatía y Escucha Activa: La empatía genuina y la escucha activa son fundamentales para comprender a profundidad las necesidades y emociones del aconsejado en la consejería cristiana.

- La empatía implica ponerse en el lugar del aconsejado y sentir con ellos, lo que crea un vínculo de comprensión y aceptación.
- La escucha activa va más allá de oír las palabras del aconsejado; implica prestar atención completa a lo que están expresando, hacer preguntas clarificadoras y demostrar interés genuino en su perspectiva.
- Ambos elementos juntos permiten que el consejero se conecte de manera significativa con el aconsejado, lo que facilita el proceso de exploración y crecimiento espiritual.

Respeto y Autenticidad: Mostrar respeto incondicional y ser auténtico en la comunicación es fundamental para fomentar un ambiente seguro y de aceptación en la relación consejero-aconsejado.

- El respeto implica valorar la dignidad y el valor intrínseco de cada individuo, independientemente de sus circunstancias o problemas.
- La autenticidad implica ser honesto y transparente en la relación, lo que crea una base de confianza.
- Cuando el aconsejado siente que es respetado y que el consejero es genuino, es más probable que se sienta cómodo compartiendo sus luchas internas y vulnerabilidades, lo que facilita el proceso de consejería cristiana.

Establecer Límites Claros: Definir límites claros en la relación consejero-aconsejado es esencial para mantener una dinámica profesional y saludable.

- Los límites establecen las expectativas y los roles de cada parte en la consejería. Esto evita malentendidos y asegura que la relación se mantenga en un contexto terapéutico apropiado.
- Los límites también ayudan a prevenir la dependencia no saludable, donde el aconsejado busca constantemente la dirección del consejero sin tomar decisiones por sí mismo.

- Establecer límites adecuados desde el principio de la relación tiene como objetivo empoderar al aconsejado para que tome sus propias decisiones informadas.

Gestión de Transferencia y Contra-Transferencia: La transferencia y la contra-transferencia son fenómenos psicológicos que pueden influir en la dinámica de la consejería.
- La transferencia ocurre cuando el aconsejado proyecta emociones y experiencias no resueltas en la relación, mientras que la contra-transferencia se refiere a las reacciones emocionales del consejero hacia el aconsejado.
- Es fundamental que el consejero sea consciente de sus propias emociones y experiencias para evitar que influyan negativamente en la relación y en la toma de decisiones terapéuticas.
- Reconocer y abordar estos patrones es esencial para mantener una relación saludable y enfocarse en las necesidades del aconsejado sin que las emociones personales interfieran.

Relación entre el Establecimiento de Límites en la Intervención Terapéutica: El establecimiento de límites y el manejo de la transferencia están estrechamente relacionados en la consejería cristiana.
- Los límites bien definidos ayudan a mantener una estructura terapéutica clara, lo que a su vez facilita la gestión de la transferencia.
- Al establecer límites, se definen los roles del consejero y el aconsejado, lo que previene la difusión de roles y la sobreidentificación.
- Además, los límites fomentan la autonomía del aconsejado y la promoción del cambio, al tiempo que permiten al consejero identificar patrones de transferencia y abordar dinámicas inconscientes.
- Esta interacción entre límites y transferencia es esencial para mantener una relación de confianza y promover el crecimiento del aconsejado de manera ética y efectiva.

MÓDULO 4: MODELOS DE INTERVENCIÓN EN LA CONSEJERÍA CRISTIANA

SECCIÓN 4.1: INTRODUCCIÓN A LOS MODELOS DE INTERVENCIÓN

Cuestionario para evaluar el aprendizaje sobre el contenido de "Introducción a los Modelos de Intervención en la Consejería Cristiana".

1. ¿Qué son los modelos de intervención en la consejería cristiana?

   a) Enfoques informales.

   b) Enfoques estructurados.

   c) Enfoques médicos.

2. ¿Qué papel desempeñan los modelos de intervención en la consejería cristiana?

   a) Ayudan a los consejeros a comprender, evaluar y guiar a los aconsejados.

   b) Proporcionan recetas médicas.

   c) No tienen un papel específico.

3. ¿En qué se basan los principios fundamentales de los modelos de intervención en la consejería cristiana?

   a) En la filosofía personal de cada consejero.

   b) En la fe cristiana y la Biblia como la Palabra de Dios.

   c) En teorías psicológicas modernas.

4. ¿Qué tipo de técnicas pueden utilizar los consejeros cristianos en la consejería?

   a) Técnicas de cocina.

   b) Técnicas de yoga.

   c) Técnicas como la escucha activa, la oración y el estudio de la Biblia.

5. ¿Cuál es uno de los valores clave en la consejería cristiana?

   a) Individualismo extremo.

   b) Confidencialidad.

   c) Competencia a toda costa.

6. ¿Qué busca comprender un modelo de intervención en la consejería cristiana de manera integral?
       a) Solo los problemas superficiales.
       b) Aspectos emocionales, mentales y espirituales.
       c) Solo aspectos espirituales.

7. ¿Cómo se utilizan las referencias bíblicas en la consejería cristiana?
       a) Para entretener a los aconsejados.
       b) Para respaldar principios y valores.
       c) No se utilizan en absoluto.

8. ¿Cuál de los siguientes autores cristianos enfatiza la importancia de centrarse en la Palabra de Dios?
       a) Gary R. Collins.
       b) Dr. Larry Crabb.
       c) John F. MacArthur.

9. ¿Qué versículo bíblico destaca la importancia de la confianza y la oración en la consejería cristiana?
       a) 2 Timoteo 3:16-17.
       b) Santiago 5:16.
       c) Gálatas 6:2.

10. Según el Dr. Larry Crabb, ¿qué es esencial para el crecimiento espiritual y emocional en la consejería cristiana?
       a) La soledad.
       b) La independencia.
       c) El apoyo de otros creyentes.

Respuestas correctas:
- 1. b)   2. a)   3. b).   4. c).   5.b).   6. b)   7. b)   8. c).   9. b)   10. c)

Aportes Finales:

Enfoque en la Palabra de Dios: La importancia de centrarse en la Palabra de Dios como fuente suprema de sabiduría y guía en la consejería cristiana, como lo destaca John F. MacArthur en su libro "Introducción a la Consejería Bíblica", debe ser enfatizada.

- Los consejeros cristianos deben profundizar en su conocimiento de las Escrituras y aprender a aplicarlas de manera relevante a las situaciones individuales de sus aconsejados.
- Esto implica no solo citar versículos bíblicos, sino también comprender el contexto y la interpretación adecuada de las Escrituras para brindar un consejo sólido y basado en la fe.

Énfasis en la relación de confianza: El énfasis en la construcción de una relación de confianza y empatía entre el consejero y el consejado, como propone Gary R. Collins en "Consejería Cristiana Efectiva", es esencial.

- Los consejeros deben cultivar habilidades de escucha activa, empatía y comprensión genuina para que los aconsejados se sientan seguros y comprendidos.
- Esto permite que la consejería sea más efectiva, ya que las personas son más propensas a abrirse y recibir orientación cuando se sienten escuchadas y respetadas.

Apoyo de la comunidad: Siguiendo la propuesta del Dr. Larry Crabb en "Terapia Bíblica", se debe enfatizar la importancia del apoyo de la comunidad y la iglesia en el proceso de consejería.

- Los consejeros deben alentar a sus aconsejados a buscar apoyo adicional de otros creyentes y participar en grupos de apoyo o actividades de la iglesia.
- Esto fortalece la dimensión espiritual y emocional de la consejería al proporcionar un entorno de apoyo y crecimiento compartido.

Mayor uso de referencias bíblicas: Para fortalecer la conexión entre la fe y la sanación, se debe fomentar el uso adecuado de las referencias bíblicas en la consejería cristiana.

- Los consejeros deben aprender a seleccionar y aplicar versículos y pasajes bíblicos relevantes que respalden los principios y valores en los que se basa su consejería.
- Las Escrituras no solo proporcionan consuelo y esperanza, sino también orientación práctica para abordar los desafíos emocionales y espirituales.

Desarrollo de técnicas específicas: La consejería cristiana puede beneficiarse del desarrollo y la promoción de técnicas específicas que se ajusten a los principios y valores de la fe cristiana.

- Esto implica la creación y la enseñanza de métodos de consejería que integren la oración, el estudio de la Biblia, la reflexión y la aplicación de conceptos psicológicos en un marco de fe de manera coherente y efectiva.
- Los consejeros deben estar capacitados en estas técnicas para brindar un apoyo más completo y adaptado a las necesidades de cada persona aconsejada.

En resumen, estos aportes buscan enriquecer la consejería cristiana al enfocarse en la centralidad de la Palabra de Dios, fortalecer las relaciones de confianza, fomentar el apoyo de la comunidad, aprovechar las referencias bíblicas de manera efectiva y desarrollar técnicas específicas que reflejen los valores cristianos.

- Al incorporar estos aspectos, los consejeros cristianos estarán mejor preparados para guiar a sus aconsejados hacia la sanidad, la restauración y el crecimiento espiritual desde una perspectiva sólidamente basada en la fe cristiana.

SECCIÓN 4.2: BASES TEÓRICAS Y FILOSÓFICAS DE LOS MODELOS

Cuestionario para evaluar el aprendizaje sobre el contenido de "Bases Teóricas y Filosóficas de los Modelos de Intervención en la Consejería Cristiana".

1. ¿Qué se explora en la sección sobre Bases Teóricas y Filosóficas de los Modelos de Intervención en la Consejería Cristiana?

a) Las diferentes denominaciones cristianas.

b) Las bases teológicas de la consejería.

c) Las bases teóricas y filosóficas que sustentan los modelos de intervención.

2. ¿Cuál es uno de los enfoques teóricos que algunos modelos de consejería cristiana pueden adoptar?

a) Filosofía marxista.

b) Psicología humanista.

c) Astrología.

3. ¿Qué perspectiva se centra en la identificación y modificación de patrones de pensamiento y comportamiento disfuncionales?

a) Perspectiva conductual.

b) Perspectiva sistémica.

c) Perspectiva psicoanalítica.

4. ¿Cuál de las siguientes no es una de las bases teóricas mencionadas en la sección?

a) Psicología Humanista.

b) Enfoque Espiritual.

c) Enfoque Cognitivo-Conductual.

5. ¿Por qué es importante que los modelos de consejería cristiana incorporen principios bíblicos y valores cristianos en su enfoque?

a) Para complacer a la sociedad secular.

b) Para atraer a un público más amplio.

c) Para promover la sanación y el crecimiento espiritual de los aconsejados.

6. ¿Cuál de los siguientes valores bíblicos se destaca en la sección como esencial en la consejería cristiana?

a) La intolerancia.

b) La gracia y el perdón.

c) La venganza.

7. ¿Qué recurso es fundamental en la consejería cristiana y se utiliza para buscar la guía y el apoyo de Dios?

a) Estudio de la filosofía.

b) La meditación.

c) La oración.

8. ¿Cuál de los siguientes autores cristianos enfatiza la integridad y la ética en la consejería?

a) Jay E. Adams.

b) Gary R. Collins.

c) Siang-Yang Tan.

9. ¿Cuál es el mandamiento principal en la fe cristiana que los consejeros cristianos se esfuerzan por cumplir?

a) No te preocupes por los demás.

b) Ama a Dios y ama al prójimo como a ti mismo.

c) Haz lo que quieras sin importar a quién afecte.

10. ¿Qué valor se resalta en la sección como un pilar fundamental de la consejería?

       a) La falta de escrúpulos.

       b) La confidencialidad.

       c) La exposición pública.

Respuestas correctas:
- 1. c)   2. b)   3. a).   4. b).   5.c).   6. b)   7. c)   8. a).   9. b)   10. b)

Aportes Finales:

Jay E. Adams - Énfasis en la Ética y la Integridad (Ética Cristiana): Jay E. Adams es conocido por su enfoque en la consejería bíblica y su énfasis en la ética y la integridad.

- Adams argumenta que un consejero cristiano debe mantener altos estándares morales y ser un modelo de conducta basado en la ética cristiana.
- Esto implica vivir de acuerdo con los principios bíblicos y ser transparente en la relación con los aconsejados.
- Su contribución radica en recordar a los consejeros cristianos la importancia de mantener la coherencia ética en su práctica, lo que fortalece la confianza entre el consejero y el aconsejado.

Gary R. Collins - Confidencialidad y Protección de la Privacidad: Gary R. Collins destaca la confidencialidad como un pilar fundamental de la consejería.

- Argumenta que los consejeros deben ser extremadamente cuidadosos para proteger la privacidad de sus aconsejados.
- Esto significa que lo que se comparte en el contexto de la consejería debe mantenerse en estricta confidencialidad.
- Collins enfatiza que esta práctica ética es esencial para crear un ambiente de confianza y seguridad en el proceso de consejería.
- Su contribución resalta la necesidad de mantener la privacidad como una práctica ética central en la consejería cristiana.

Siang-Yang Tan - Honestidad y Transparencia: Siang-Yang Tan explora cómo la consejería cristiana se basa en principios éticos sólidos, incluyendo la importancia de la honestidad y la transparencia en la relación entre el consejero y el aconsejado.

- Tan argumenta que la sinceridad en la consejería es esencial para establecer una base sólida y promover la sanación.
- Su contribución destaca la necesidad de la honestidad y la transparencia como valores fundamentales en la consejería cristiana, lo que ayuda a crear un ambiente de confianza en el que los aconsejados puedan abrirse y recibir ayuda de manera efectiva.

La Regla de Oro (Mateo 7:12) - Tratar a los demás con Respeto y Ética: La Regla de Oro, mencionada en Mateo 7:12, insta a tratar a los demás como nos gustaría ser tratados.

- Este principio ético es fundamental en la consejería cristiana y se aplica a la forma en que los consejeros interactúan con los aconsejados.
- Implica mostrar respeto, empatía y ética en todas las interacciones.
- Esta enseñanza de Jesús refuerza la importancia de la ética y la moral cristiana en la consejería, recordando a los consejeros su deber de tratar a los aconsejados con amor y respeto.

Responsabilidad Ética del Consejero - Proverbios 11:14: Proverbios 11:14 destaca la responsabilidad ética del consejero en brindar dirección sabia y responsable.

- Este versículo enfatiza la importancia de la guía ética en la consejería cristiana y cómo los consejeros deben asumir la responsabilidad de orientar adecuadamente a quienes buscan consejo.
- La responsabilidad ética es un principio fundamental que guía la práctica de la consejería cristiana y contribuye a un proceso de ayuda efectivo y centrado en la fe.

En resumen, los aportes de estos autores y principios éticos resaltan la importancia de mantener altos estándares éticos y morales en la consejería cristiana.

- La ética cristiana, que incluye la integridad, la confidencialidad, la honestidad y el respeto, es esencial para construir una relación de confianza con los aconsejados y promover la sanación y el crecimiento espiritual desde una perspectiva sólidamente basada en la fe cristiana.

- Estos principios éticos forman parte integral de la consejería cristiana y guían la práctica de los consejeros en su compromiso de ayudar a otros desde una perspectiva bíblica.

SECCIÓN 4.2: COMPARACIÓN DE MODELOS

Cuestionario para evaluar el aprendizaje sobre la comparación de modelos de intervención en la consejería cristiana.

1. ¿Cuál de los siguientes modelos de consejería se enfoca en identificar y cambiar patrones de pensamiento y comportamiento negativos?

    a. Modelo Sistémico-Familiar

    b. Modelo Noutético (Confrontación)

    c. Modelo Cognitivo-Conductual (Respuesta correcta)

2. ¿Qué modelo de consejería considera las interacciones familiares como influyentes en los desafíos individuales?

    a. Modelo Noutético (Confrontación)

    b. Modelo Ecléctico

    c. Modelo Sistémico-Familiar (Respuesta correcta)

3. ¿Cuál de los modelos busca la transformación espiritual y la responsabilidad a través de la guía de la Biblia?

    a. Modelo Ecléctico

    b. Modelo Sistémico-Familiar

    c. Modelo Noutético (Confrontación) (Respuesta correcta)

4. ¿Cuál de los siguientes modelos de consejería combina elementos de varios enfoques según las necesidades del aconsejado?

    a. Modelo Cognitivo-Conductual

    b. Modelo Ecléctico (Respuesta correcta)

    c. Modelo Sistémico-Familiar

5. ¿Qué modelo de consejería utiliza principios bíblicos para transformar la mente y renovar el pensamiento?

      a. Modelo Noutético (Confrontación)

      b. Modelo Cognitivo-Conductual (Respuesta correcta)

      c. Modelo Sistémico-Familiar

6. ¿Cuál de los siguientes versículos de la Biblia enfatiza la importancia de transformar la mente?

      a. Mateo 7:12

      b. Efesios 5:22-6:4

      c. Romanos 12:2 (Respuesta correcta)

7. ¿Qué modelo de consejería se enfoca en fortalecer las relaciones familiares y promover la unidad?

      a. Modelo Ecléctico

      b. Modelo Noutético (Confrontación)

      c. Modelo Sistémico-Familiar (Respuesta correcta)

8. ¿Cuál de los modelos busca la confrontación amorosa y la responsabilidad basada en la Biblia?

a. Modelo Cognitivo-Conductual

b. Modelo Ecléctico

c. Modelo Noutético (Confrontación) (Respuesta correcta)

9. ¿Qué modelo de consejería es conocido por adaptarse a las necesidades individuales de los aconsejados?

      a. Modelo Noutético (Confrontación)

      b. Modelo Sistémico-Familiar

      c. Modelo Ecléctico (Respuesta correcta)

10. ¿Cuál de los siguientes versículos de la Biblia destaca la importancia de la unidad y la comunicación familiar?
>   a. Romanos 12:2
>   b. Efesios 5:22-6:4 (Respuesta correcta)
>   c. Gálatas 6:1-2

Respuestas correctas:
- 1. c)   2. c)   3. c).   4. b).   5.b).   6. c)   7. c)   8. c).   9. c)   10. b)

Aportes Finales:

Flexibilidad en la Consejería: La comparación de modelos muestra la importancia de la flexibilidad en la consejería cristiana. Los consejeros deben estar dispuestos a adaptar su enfoque según las necesidades y preferencias de los aconsejados.

Integración de Principios Bíblicos: Todos los modelos enfatizan la importancia de incorporar principios bíblicos en la consejería. Esto subraya la centralidad de la fe cristiana en el proceso de ayuda.

Enfoque Holístico: Los modelos abordan no solo los síntomas superficiales, sino también las raíces espirituales y emocionales de los desafíos. Este enfoque holístico reconoce la importancia de considerar la dimensión espiritual en la consejería.

Responsabilidad y Transformación: El modelo noutético destaca la importancia de la confrontación amorosa y la responsabilidad, recordando a los consejeros y aconsejados su llamado a la transformación espiritual.

Unidad Familiar: El modelo sistémico-familiar resalta la influencia de las dinámicas familiares y la importancia de promover la unidad y la comunicación en el contexto familiar, lo que puede tener un impacto significativo en los desafíos individuales.

APÉNDICE:
PSICOLOGÍA HUMANISTA VS. FE

La psicología humanista, que surgió en la segunda mitad del siglo XX con figuras prominentes como Abraham Maslow y Carl Rogers, ha sido objeto de controversia en relación con la fe cristiana debido a varias razones fundamentales que a menudo entran en conflicto con las creencias cristianas.

Algunas de las principales áreas de controversia:

- **Visión antropológica:** La psicología humanista tiende a tener una visión optimista de la naturaleza humana, enfatizando el potencial humano para el crecimiento y la autorrealización.
  - Esto puede entrar en conflicto con la enseñanza cristiana sobre la naturaleza pecaminosa del ser humano y la necesidad de redención y transformación a través de la fe en Jesucristo.

- **Autonomía y autoridad:** La psicología humanista promueve la autonomía y la autoridad del individuo en la toma de decisiones sobre su propia vida.
  - Esto puede ser visto como una contradicción con la sumisión a Dios y la autoridad divina enseñada en la fe cristiana.

- **Autoestima y autoconcepto:** La psicología humanista enfatiza la importancia de una alta autoestima y un positivo autoconcepto.
  - Si bien estos conceptos pueden ser saludables en ciertos contextos, algunas críticas desde una perspectiva cristiana sostienen que un enfoque excesivo en la autoestima puede llevar a un narcisismo y una falta de dependencia en Dios.

- **Relativismo moral:** Algunos enfoques de la psicología humanista pueden tender hacia el relativismo moral, donde las normas y valores son determinados por el individuo y su contexto.
  - Esto choca con la moral absoluta enseñada en la fe cristiana, que se basa en las Escrituras y la voluntad de Dios.

- **Falta de una dimensión espiritual:** La psicología humanista a menudo carece de una dimensión espiritual o religiosa en su enfoque.
  - Esto puede ser problemático desde una perspectiva cristiana, ya que la fe es una parte central de la vida de muchas personas.

Algunos autores cristianos reconocidos han expresado críticas y preocupaciones con respecto a la psicología humanista y su compatibilidad con la fe cristiana.

Por ejemplo:
- **Jay E. Adams,** en su libro "La consejería cristiana a través de la Biblia," ha expresado preocupaciones sobre la psicología humanista y su énfasis en el autorrealización, argumentando que esto puede desviar la atención de la centralidad de Dios en la consejería.
- **Larry Crabb,** en "Psicología cristiana: Un enfoque bíblico," ha abogado por una integración de la psicología y la fe cristiana, pero también ha destacado la necesidad de mantener una perspectiva equilibrada que no excluya la realidad del pecado y la necesidad de redención.
- **Gary Collins,** en su libro "Psicología moderna y cristianismo," ha discutido la tensión entre la psicología humanista y las creencias cristianas, señalando la importancia de discernir cuidadosamente las ideas psicológicas que son consistentes con la fe cristiana.

En resumen, la psicología humanista ha sido objeto de controversia en relación con la fe cristiana debido a diferencias fundamentales en la visión de la naturaleza humana, la moral, la autoridad y la importancia de la espiritualidad.
- Aunque algunos autores cristianos han buscado integrar elementos de la psicología humanista en la consejería cristiana, estas diferencias continúan siendo un tema de debate y reflexión dentro de la comunidad cristiana.

A lo largo de la historia, hubo algunas áreas en las que la psicología y la cosmovisión cristiana comenzaron a encontrar puntos de interés común, lo que permitió establecer un puente de entendimiento y colaboración entre ambas perspectivas en relación al entendimiento y ayuda al hombre.

Algunas de estas áreas incluyen:

- **El estudio de la naturaleza humana:** Tanto la psicología como la cosmovisión cristiana comparten un interés en comprender la naturaleza humana.
  - Ambas buscan entender las emociones, pensamientos, comportamientos y la búsqueda de significado en la vida.

- **El bienestar emocional y la salud mental:** Ambas perspectivas se preocupan por el bienestar emocional y la salud mental de las personas.
  - La psicología busca abordar los desafíos emocionales y psicológicos, mientras que la cosmovisión cristiana promueve la sanación espiritual y emocional a través de la fe y la relación con Dios.

- **Ética y moralidad:** Tanto la psicología como la cosmovisión cristiana reconocen la importancia de la ética y la moral en la vida de las personas.
  - Ambas abogan por principios como el amor al prójimo, la honestidad y el respeto por la dignidad de cada individuo.

- **El apoyo comunitario:** La cosmovisión cristiana valora la comunidad y el apoyo mutuo entre creyentes.
  - La psicología también reconoce la importancia de las relaciones y el apoyo social en la salud mental y emocional.

- **La búsqueda de sentido y propósito:** Tanto la psicología como la cosmovisión cristiana exploran la búsqueda de sentido y propósito en la vida.
  - La psicología busca comprender cómo las personas encuentran significado en sus vidas, mientras que la cosmovisión cristiana sostiene que el propósito se encuentra en una relación con Dios.

- **La consejería y la ayuda emocional:** Ambas perspectivas están interesadas en proporcionar consejería y ayuda emocional a aquellos que enfrentan desafíos en la vida.

- La psicología ofrece enfoques terapéuticos basados en la evidencia, mientras que la cosmovisión cristiana ofrece apoyo espiritual y emocional desde una perspectiva de fe.

Estas áreas de interés común han permitido que psicólogos cristianos y consejeros cristianos busquen puntos de encuentro entre la psicología y la fe, y desarrollen enfoques de consejería que integren principios psicológicos con valores cristianos.

- Sin embargo, es importante destacar que aún existen diferencias y desacuerdos en algunos aspectos, y la integración efectiva de ambas perspectivas sigue siendo un tema de debate en la comunidad cristiana.

MÓDULO 5: MODELOS Y SUS CARACTERÍSTICAS EN LA CONSEJERÍA CRISTIANA

SECCIÓN 5.1: REPASO DE LOS MODELOS DE INTERVENCIÓN

Cuestionario para evaluar el aprendizaje del alumno sobre el tema "Repaso de los Modelos de Intervención en Consejería Cristiana"

1. ¿Por qué es importante establecer una base sólida antes de adentrarse en los modelos de consejería cristiana?

    a) Para evitar malentendidos.

    b) Porque es una tradición.

    c) Para ser dogmático.

2. ¿En qué se diferencia la consejería cristiana de otras formas de consejería?

    a) En su enfoque en la fe y las Escrituras.

    b) En su uso de la psicología moderna.

    c) En su énfasis en la terapia familiar.

3. ¿Por qué es importante reconocer que los modelos de consejería cristiana no son mutuamente excluyentes?

    a) Para complicar el proceso de consejería.

    b) Para resaltar la flexibilidad y adaptabilidad.

    c) Para limitar las opciones del consejero.

4. ¿Qué factor es fundamental al considerar la individualidad de cada persona en consejería cristiana?

    a) La similitud con el consejero.

    b) Las creencias religiosas del consejero.

    c) Las necesidades y circunstancias únicas.

5. ¿Cuál es el papel esencial del consejero cristiano en la consejería?

    a) Aplicar técnicas específicas.

    b) Ser una guía espiritual y un oyente compasivo.

    c) Promover su propia agenda religiosa.

6. ¿Cómo compara Gary R. Collins la comprensión de los modelos de consejería con una casa?

   a) Los modelos son como la decoración de la casa.

   b) La comprensión de los modelos es como el cimiento de una casa.

   c) Los modelos son como el tejado de la casa.

7. Según Larry Crabb, ¿qué es el corazón de la consejería cristiana?

   a) Las técnicas de consejería.

   b) La fe y la relación con Dios.

   c) La formación académica del consejero.

8. ¿Cómo describe Siang-Yang Tan la consejería cristiana?

   a) Como una ciencia exacta.

   b) Como una obra de arte en la que cada modelo contribuye.

   c) Como una práctica sin fundamento.

9. ¿Cuál de las siguientes NO es una razón para comprender en profundidad los modelos de consejería cristiana?

   a) Evitar malentendidos.

   b) Aplicarlos de manera dogmática.

   c) Ofrecer consejería efectiva.

10. ¿Qué elemento destaca la importancia de esta sección como base esencial para la consejería cristiana efectiva?

   a) La historia de la consejería.

   b) Las opiniones personales del consejero.

   c) Las citas de consejeros cristianos reconocidos.

Respuestas correctas:
- 1. a)   2. a)   3. b).   4. c).   5.b).   6. b)   7. b)   8. b).   9. b)   10. c)

Aportes finales:

Importancia de una Base Sólida:

Versículo Bíblico: Mateo 7:24-27 (NVI)
"Por lo tanto, todo el que me oye estas palabras y las pone en práctica es como un hombre prudente que construyó su casa sobre la roca. Cayeron las lluvias, crecieron los ríos, y soplaron los vientos y azotaron aquella casa; con todo, no se derrumbó, porque estaba cimentada sobre la roca."

Explicación: Este pasaje de Mateo nos enseña la importancia de establecer una base sólida en la fe y las enseñanzas de Cristo.
- Del mismo modo, en consejería cristiana, debemos edificar nuestras relaciones y asesoramiento sobre una base sólida en la fe, lo que nos permitirá resistir las tormentas de la vida y brindar un apoyo constante a quienes aconsejamos.

Contextualización en la Fe Cristiana:

Versículo Bíblico: 2 Timoteo 3:16-17 (NVI)
"Toda la Escritura es inspirada por Dios y útil para enseñar, para reprender, para corregir y para instruir en la justicia, a fin de que el siervo de Dios esté enteramente capacitado para toda buena obra."

Explicación: Este pasaje de 2 Timoteo destaca que todas las Escrituras son inspiradas por Dios y útiles en la enseñanza y la corrección.
- En consejería cristiana, recordar que la Biblia es la autoridad suprema nos ayuda a contextualizar nuestra consejería en la fe cristiana y a utilizar las Escrituras para guiar y apoyar a aquellos a quienes aconsejamos.

Complementariedad de los Modelos:

Versículo Bíblico: 1 Corintios 12:12-27 (NVI)
"El cuerpo es una unidad, aunque tiene muchas partes; y aunque todas sus partes son muchas, forman un solo cuerpo. Así sucede con Cristo. Todos fuimos bautizados por un solo Espíritu para constituir un solo cuerpo—ya seamos judíos o gentiles, esclavos o libres—, y a todos se nos dio a beber de un mismo Espíritu."

Explicación: Este pasaje de 1 Corintios nos habla de la diversidad de dones y cómo todos los miembros del cuerpo de Cristo son importantes y complementarios entre sí.

- En consejería cristiana, podemos aplicar este principio reconociendo que diferentes modelos de consejería pueden ser utilizados en conjunto para abordar las necesidades únicas de cada persona, de manera similar a cómo diferentes partes del cuerpo trabajan juntas para cumplir su función.

Respeto por la Individualidad:

Historia Bíblica: La historia de la mujer samaritana en Juan 4:1-42.

Explicación: En esta historia, Jesús demuestra un profundo respeto por la individualidad de la mujer samaritana al adaptar su consejo a las circunstancias y necesidades personales de ella.

- De la misma manera, en consejería cristiana, debemos ser sensibles a la individualidad de cada persona que aconsejamos y adaptar nuestros enfoques para satisfacer sus necesidades específicas, como Jesús hizo con la mujer samaritana.

El Papel del Consejero:

Versículo Bíblico: 1 Tesalonicenses 2:7-8 (NVI)
"Fuimos tiernos entre ustedes, como una madre que acaricia a sus propios hijos. Tan grande es nuestro afecto por ustedes que estuvimos dispuestos a entregarles no solo el evangelio de Dios sino también nuestras propias vidas, porque ustedes se habían vuelto muy queridos para nosotros."

Explicación: En este pasaje, el apóstol Pablo describe su papel como un consejero espiritual de manera afectuosa y compasiva.

- En consejería cristiana, debemos seguir el ejemplo de Pablo al ser tiernos, compasivos y dispuestos a sacrificarnos por el bienestar espiritual de aquellos a quienes aconsejamos.
- No somos solo consejeros, sino guías espirituales y modelos a seguir.

Estos aportes bíblicos pueden ayudar a enriquecer el entendimiento de los modelos de intervención en consejería cristiana desde una perspectiva bíblica y fortalecer la base espiritual de este importante trabajo.

SECCIÓN 5.2: CARACTERÍSTICAS DE LOS MODELOS

Cuestionario para evaluar el aprendizaje del alumno sobre el tema "Características de los Modelos de Intervención en Consejería Cristiana"

1. ¿Cuál es el enfoque principal del modelo cognitivo-conductual en la consejería cristiana?

    a) Centrarse en la terapia familiar.

    b) Centrarse en los patrones de pensamiento y comportamiento.

    c) Centrarse en la oración y la meditación.

2. ¿Qué técnica del modelo cognitivo-conductual implica reemplazar pensamientos negativos por otros más realistas y constructivos?

    a) Registro de pensamientos.

    b) Reestructuración cognitiva.

    c) Exposición gradual.

3. ¿Qué modelo de consejería se centra en las dinámicas familiares y su influencia en la salud emocional?

    a) Cognitivo-Conductual.

    b) Sistémico-Familiar.

    c) Noutético (Confrontación).

4. ¿Cuál es una técnica clave del modelo sistémico-familiar para mejorar las relaciones familiares?

    a) Confrontación directa.

    b) Terapia individual.

    c) Mejora de la comunicación.

5. ¿En qué versículo bíblico se encuentra la base del modelo noutético que enfatiza la corrección fraternal?

　　a) Mateo 7:7.

　　b) Gálatas 6:1-2.

　　c) Efesios 5:22.

6. ¿Qué característica principal define al modelo ecléctico en la consejería cristiana?

　　a) Su rigidez en la aplicación de técnicas específicas.

　　b) Su flexibilidad y adaptabilidad para combinar elementos de varios modelos.

　　c) Su enfoque exclusivo en la terapia individual.

7. ¿Qué destaca al modelo noutético en la consejería cristiana?

　　a) La evitación de la confrontación.

　　b) El enfoque exclusivo en la terapia psicológica.

　　c) La confrontación amorosa y basada en la Biblia.

8. ¿Cuál es el énfasis principal del modelo ecléctico en la consejería cristiana?

　　a) Cambiar la personalidad del aconsejado.

　　b) La adaptación a las necesidades únicas del aconsejado.

　　c) La imposición de un único enfoque terapéutico.

9. ¿Qué base bíblica respalda la idea de la transformación espiritual en el modelo noutético?

　　a) Efesios 2:8.

　　b) Gálatas 6:1-2.

　　c) 1 Corintios 13:4-7.

10. ¿Cuál de las siguientes afirmaciones describe mejor al modelo ecléctico en la consejería cristiana?

    a) Es un enfoque rígido y fijo en la terapia familiar.

    b) Combina elementos de diferentes modelos para abordar las necesidades únicas del aconsejado.

    c) Se enfoca exclusivamente en la confrontación directa.

Respuestas correctas:
- 1. b)　2. b)　3. b).　4. c).　5.b).　6. b)　7. c)　8. b).　9. b)　10. b)

Aportes finales:

Cognitivo-Conductual:

Versículo Bíblico (Romanos 12:2): "No os conforméis a este mundo, sino transformaos por la renovación de vuestro entendimiento, para que comprobéis cuál es la buena voluntad de Dios, agradable y perfecta."

Explicación: Este versículo subraya la importancia de la transformación de la mente, que es una característica fundamental del modelo cognitivo-conductual.

- La renovación de la mente implica cambiar nuestros patrones de pensamiento para alinearnos con la voluntad de Dios.
- Así como el modelo busca identificar y corregir pensamientos distorsionados, este versículo nos insta a la renovación de nuestros pensamientos según los principios divinos.

Sistémico-Familiar:

Versículo Bíblico (Efesios 5:22-6:4): "Mujeres, sométanse a sus propios maridos como al Señor. Porque el marido es cabeza de la esposa, así como Cristo es cabeza de la iglesia, la cual es su cuerpo, y él es su Salvador... Hijos, obedezcan en el Señor a sus padres, porque esto es justo."

Explicación: Estos versículos resaltan la importancia de las relaciones familiares y la responsabilidad mutua en la familia, lo cual está alineado con el enfoque sistémico-familiar en la consejería cristiana.

- La consejería sistémico-familiar busca mejorar las dinámicas familiares y, al igual que estos versículos, enfatiza la importancia de roles y relaciones saludables dentro de la familia, basados en el amor y el respeto cristiano.

Noutético (Confrontación):

Versículo Bíblico (2 Timoteo 3:16-17): "Toda la Escritura es inspirada por Dios y útil para enseñar, para reprender, para corregir y para instruir en la justicia, a fin de que el siervo de Dios esté enteramente capacitado para toda buena obra."

Explicación: Estos versículos enfatizan la importancia de la corrección y la instrucción basadas en las Escrituras, lo cual es fundamental en el modelo noutético.

- La confrontación noutética se basa en la Palabra de Dios para guiar y corregir amorosamente a aquellos a quienes se aconseja.
- Así como la Escritura es útil para enseñar y corregir, el modelo noutético busca aplicar la verdad bíblica para la transformación espiritual.

Ecléctico:

Versículo Bíblico (1 Corintios 9:22b): "Me hice débil a los débiles, para ganar a los débiles. Me hice de todo, a todos, para salvar a algunos por todos los medios."

Explicación: Este versículo de 1 Corintios refleja la adaptabilidad y la flexibilidad del enfoque ecléctico en la consejería cristiana.

- Al igual que el apóstol Pablo se adaptaba a las personas para compartir el evangelio, el enfoque ecléctico se adapta a las necesidades únicas de las personas.
- Busca acercarse a cada individuo de la manera más efectiva, combinando elementos de varios modelos y utilizando diversos medios para alcanzar la sanidad y la transformación.

SECCIÓN 5.3: VENTAJAS Y DESVENTAJAS DE CADA MODELO

Aquí tienes un cuestionario con 10 preguntas para evaluar el aprendizaje sobre las ventajas y desventajas de cada modelo de intervención en la consejería cristiana:

1. ¿Cuál es una ventaja del modelo cognitivo-conductual en la consejería cristiana?

    a) Enfoque en la unidad familiar.

    b) Resultados medibles.

    c) Centrado en problemas subyacentes.

2. ¿Qué enfoque puede parecer mecánico en algunos casos según el modelo cognitivo-conductual?

    a) Enfoque bíblico.

    b) Responsabilidad personal.

    c) Impersonalidad.

3. ¿Cuál es una desventaja del modelo sistémico-familiar en la consejería cristiana?

    a) Aborda dinámicas familiares.

    b) Proceso largo.

    c) Resultados medibles.

4. ¿Qué promueve la terapia sistémico-familiar en la consejería cristiana?

    a) La responsabilidad personal.

    b) La comunicación dentro de la familia.

    c) El enfoque individual.

5. ¿Qué caracteriza al modelo noutético en la consejería cristiana?

    a) La adaptabilidad y la combinación de enfoques.

    b) La confrontación amorosa y la guía basada en la Biblia.

    c) La falta de habilidad del consejero.

6. ¿Cuál es una ventaja del modelo noutético?

    a) Transformación espiritual profunda.

    b) Resistencia y confrontación.

    c) Enfoque mecánico.

7. ¿Qué enfoque puede ser percibido como demasiado confrontativo para algunas personas según el modelo noutético?

    a) Responsabilidad personal.

    b) Confrontación amorosa.

    c) Resistencia.

8. ¿Qué caracteriza al modelo ecléctico en la consejería cristiana?

    a) La complejidad y la adaptabilidad.

    b) La impersonalidad y la rigidez.

    c) El enfoque estructurado.

9. ¿Qué se requiere del consejero en el modelo ecléctico?

    a) Un conocimiento amplio en múltiples modelos.

    b) Un enfoque centrado en la unidad familiar.

    c) Resultados medibles.

10. ¿Cuál es una ventaja del modelo ecléctico?

    a) Complejidad en la implementación.

    b) Enfoque personalizado y adaptabilidad.

    c) Impersonalidad en la consejería.

Respuestas correctas:

- 1. b) 2. c) 3. b). 4. b). 5.b). 6. a) 7. c) 8. a). 9. a) 10. b)

Aportes Finales:

Ventajas y Desventajas de Cada Modelo:

Cognitivo-Conductual: Una de las principales ventajas del modelo cognitivo-conductual es su enfoque estructurado y la capacidad de medir resultados objetivamente.
- Sin embargo, puede ser limitado en su enfoque cognitivo y parecer mecánico en algunas circunstancias.

Sistémico-Familiar: Este modelo destaca por su capacidad para abordar las dinámicas familiares y promover la unidad en la familia.
- Sin embargo, puede ser un proceso largo y no es la mejor opción para problemas individuales.

Noutético (Confrontación): El modelo noutético se caracteriza por su enfoque basado en la Biblia y la confrontación amorosa.
- Aunque promueve una transformación profunda, puede ser percibido como confrontativo y requiere habilidad por parte del consejero.

Ecléctico: La principal ventaja del modelo ecléctico es su adaptabilidad y enfoque personalizado.
- Sin embargo, puede ser complejo de implementar y requiere que el consejero tenga un conocimiento amplio en múltiples modelos.

Estos aportes finales destacan la importancia de elegir el modelo de consejería adecuado según las necesidades del aconsejado y la guía del Espíritu Santo, además de enfatizar la necesidad de equilibrar los enfoques estructurados con la adaptabilidad y la orientación espiritual en la consejería cristiana.

APÉNDICES:

EL MODELO NOUTETICO:

Un Enfoque Bíblico en la Consejería Cristiana

La consejería cristiana es un campo vasto y diverso que aborda los desafíos emocionales y espirituales desde diversas perspectivas y enfoques.

- Entre los diferentes modelos de consejería, el modelo noutético se destaca como un enfoque que pone un fuerte énfasis en la confrontación amorosa y la guía basada en la Biblia.
- En este ensayo, exploraremos el origen del modelo noutético, su base bíblica, su aplicación en el Nuevo Testamento, los elementos o pasos que lo integran, y las críticas que ha recibido por parte de consejeros cristianos reconocidos.

Origen del Modelo Noutético:

El término "noutético" proviene del griego "noutheteo," que significa "corregir" o "admoestar con amor."

- El modelo noutético fue desarrollado y popularizado por el destacado consejero cristiano Jay E. Adams en la década de 1970.
- Adams argumentaba que la consejería cristiana debería basarse en principios bíblicos sólidos y que la confrontación amorosa, en línea con las Escrituras, era esencial para la transformación espiritual.

Base Bíblica del Modelo Noutético:

La base bíblica del modelo noutético es fundamental para comprender su enfoque. Se apoya en varios pasajes bíblicos que hablan de la corrección fraternal y la responsabilidad mutua entre los creyentes.

- Un pasaje clave es Gálatas 6:1-2, que dice: "Hermanos, si alguno fuere sorprendido en alguna falta, vosotros que sois espirituales, restauradle con espíritu de mansedumbre; considerándote a ti mismo, no sea que tú también seas tentado. Sobrellevad los unos las cargas de los otros, y cumplid así la ley de Cristo."

- Este pasaje resalta la responsabilidad de los creyentes de corregirse mutuamente con amor y mansedumbre, lo que forma la base de la confrontación amorosa en el modelo noutético.

Aplicación del Modelo Noutético en el Nuevo Testamento:

El Nuevo Testamento proporciona varios ejemplos de la aplicación del modelo noutético.
- Uno de los casos más notables es la relación entre Pablo y Pedro, que se encuentra en Gálatas 2:11-14.
- Pablo confronta a Pedro públicamente por su hipocresía en relación con la comunión con los gentiles.
- Pablo actúa de manera noutética al corregir a Pedro de acuerdo con los principios bíblicos y la verdad del evangelio. Esta confrontación resultó en una restauración y unidad en la iglesia primitiva.

Este ejemplo demuestra cómo la confrontación amorosa basada en la verdad bíblica puede llevar a la restauración espiritual y la corrección fraternal, elementos centrales del modelo noutético.

Elementos o Pasos que Integra el Modelo Noutético:

El modelo noutético se caracteriza por varios elementos o pasos que guían la consejería:

Identificación de Problemas: El consejero identifica problemas específicos en la vida del aconsejado que están en conflicto con los principios bíblicos.

Confrontación Amorosa: Se lleva a cabo una confrontación amorosa y compasiva basada en las Escrituras para corregir los pensamientos y comportamientos erróneos.

Uso de Escrituras: Se utiliza la Palabra de Dios para refutar pensamientos distorsionados y guiar al aconsejado hacia la verdad bíblica.

Responsabilidad Personal: Se promueve la responsabilidad personal en la transformación espiritual y el crecimiento en la fe.

Seguimiento y Discipulado: Se realiza un seguimiento para evaluar el progreso y continuar apoyando al aconsejado en su caminar espiritual.

Críticas al Modelo Noutético:
A pesar de sus beneficios, el modelo noutético ha recibido críticas de algunos consejeros cristianos reconocidos.

Por ejemplo, Larry Crabb ha señalado que, si bien la confrontación amorosa es esencial, no siempre es la primera respuesta adecuada en la consejería.
- Crabb argumenta que a veces se necesita un enfoque más compasivo y empático antes de la confrontación.

Otra crítica proviene de Gary Collins, quien destaca que la confrontación amorosa debe ser llevada a cabo por consejeros altamente capacitados y sensibles, ya que puede ser malinterpretada o incluso dañina si se hace de manera inapropiada.

En conclusión, el modelo noutético en la consejería cristiana se basa en una sólida base bíblica y busca la corrección fraternal y la transformación espiritual a través de la confrontación amorosa.
- Aunque ha sido elogiado por su enfoque en la verdad bíblica, también ha enfrentado críticas sobre su aplicabilidad y la necesidad de consejeros altamente capacitados.
- En última instancia, el modelo noutético continúa siendo una parte importante y discutida dentro de la consejería cristiana.

AUGE DEL MODELO CONGNITIVO-CONDUCTUAL

El modelo cognitivo-conductual ha experimentado un gran auge en la actualidad en comparación con otros modelos de consejería cristiana y también en el ámbito de la psicología en general.

Esto se debe a varias razones que destacan sus características distintivas y su reconocimiento general:

Enfoque Estructurado y Basado en la Evidencia: El modelo cognitivo-conductual se caracteriza por su enfoque altamente estructurado y basado en la evidencia científica.
- Utiliza técnicas y estrategias bien definidas para abordar problemas emocionales y conductuales.
- Esto ha ganado reconocimiento porque ofrece un marco claro y efectivo para abordar una amplia gama de problemas de salud mental.

Centrado en la Renovación de la Mente: Una de las razones clave para el auge de este modelo en la consejería cristiana es su enfoque en la renovación de la mente, que se alinea con el mandato bíblico de "no conformarse a este mundo, sino transformándonos por la renovación de nuestro entendimiento" (Romanos 12:2).
- Esto permite que el modelo integre principios bíblicos para transformar patrones de pensamiento negativos.

Resultados Medibles: El modelo cognitivo-conductual es conocido por su capacidad para producir resultados medibles y cuantificables.
- Esto ha ganado aceptación en entornos donde se valora la eficacia y la evaluación objetiva del progreso del aconsejado.
- Los consejeros pueden utilizar herramientas y escalas de medición para evaluar el impacto de la terapia.

Adaptabilidad: Aunque el modelo cognitivo-conductual tiene un enfoque estructurado, también es altamente adaptable.
- Los consejeros pueden personalizar las intervenciones según las necesidades específicas de cada individuo.
- Esta flexibilidad permite abordar una amplia variedad de desafíos emocionales y conductuales.

Aplicación en Diversos Contextos: El modelo cognitivo-conductual se ha utilizado exitosamente en una variedad de contextos, no solo en la consejería cristiana, sino también en psicoterapia clínica, coaching y consejería secular.
- Su versatilidad lo hace ampliamente aplicable y accesible.

Énfasis en la Autonomía del Aconsejado: Este modelo promueve la participación activa del aconsejado en su proceso de cambio.
- Los individuos son capacitados para identificar y modificar sus patrones de pensamiento y comportamiento, lo que fomenta un mayor sentido de responsabilidad y empoderamiento.

Reconocimiento Profesional: El enfoque cognitivo-conductual ha sido ampliamente reconocido y aceptado en la comunidad profesional de la salud mental, lo que ha llevado a la formación de consejeros capacitados en este modelo.
- Esto ha contribuido a su creciente auge y uso generalizado.

En resumen, el modelo cognitivo-conductual ha experimentado un aumento en popularidad debido a su enfoque estructurado, basado en evidencia y altamente adaptable, así como su alineación con principios bíblicos de renovación de la mente.
- Su capacidad para producir resultados medibles y su reconocimiento profesional han contribuido a su éxito en la consejería cristiana y en otros campos de la psicología.

EL MODELO PSICOANALÍTICO:

¿Es el modelo psicoanalítico controversial a la fe cristiana?

El modelo psicoanalítico, desarrollado por Sigmund Freud a finales del siglo XIX y principios del XX, se encontró muy controversial desde la perspectiva del cristianismo bíblico en su momento por varias razones clave:

Enfoque Materialista y Ateísta: El modelo psicoanalítico se basa en una perspectiva materialista y naturalista que excluye la influencia de lo divino o espiritual en la psicología humana.

- Freud consideraba que la religión era una ilusión, y sus teorías se centraban en conceptos como el inconsciente, la libido y los impulsos sexuales como principales impulsores del comportamiento humano.
- Esta visión materialista y ateísta chocaba directamente con la creencia cristiana en la existencia de Dios y la importancia de la espiritualidad.

Énfasis en la Sexualidad: Freud puso un fuerte énfasis en la sexualidad como una fuerza motriz fundamental en la psicología humana.

- Su teoría de las etapas de desarrollo psicosexual, como la etapa oral, anal y fálica, a menudo se percibía como una reducción excesiva de la experiencia humana a aspectos puramente físicos y sexuales.
- Desde una perspectiva cristiana, esto era problemático porque no reconocía la naturaleza integral del ser humano, que incluye dimensiones espirituales y morales.

Énfasis en el Yo y la Autonomía: El psicoanálisis promovía la idea de la autonomía del individuo y la liberación de las restricciones morales y sociales tradicionales.

- Esto se veía como un desafío a los valores cristianos que enfatizan la obediencia a la voluntad de Dios y la moralidad basada en principios bíblicos.
- La idea de que los individuos debían liberarse de las restricciones morales podía entrar en conflicto con las enseñanzas cristianas sobre la rectitud y la santidad.

Énfasis en el Inconsciente y la Autoexploración: El psicoanálisis fomentaba la autoexploración profunda y la revelación de conflictos y deseos reprimidos en el inconsciente.

- Si bien la introspección puede ser valiosa, algunos cristianos se preocupaban de que esto pudiera llevar a la autorreflexión excesiva y la preocupación por uno mismo en detrimento de la relación con Dios y la comunidad.

Relación con la Moralidad y la Ética: Las teorías freudianas sobre la moralidad y la ética eran a menudo diferentes de las enseñanzas cristianas.

- Por ejemplo, Freud sostenía que la moralidad estaba relacionada con la represión de deseos sexuales, mientras que la moral cristiana se basa en principios más amplios y espirituales.

En resumen, el modelo psicoanalítico de Freud se encontró en gran medida controversial desde la perspectiva del cristianismo bíblico en su momento debido a su enfoque materialista y ateísta, su énfasis en la sexualidad como motor humano, su promoción de la autonomía individual, su enfoque en el inconsciente y su relación divergente con la moralidad y la ética cristiana.

- Estas diferencias fundamentales llevaron a tensiones entre la psicología freudiana y las creencias cristianas tradicionales.

¿En qué momento de la historia fue recibido por la iglesia dándole su valor clínico terapéutico?

El psicoanálisis, desarrollado por Sigmund Freud, fue recibido de manera mixta por la iglesia y la comunidad religiosa en diferentes momentos de la historia.

- En sus primeras etapas de desarrollo a finales del siglo XIX y principios del siglo XX, el psicoanálisis fue recibido con escepticismo y, en algunos casos, con hostilidad por parte de sectores conservadores de la iglesia.
- Esto se debió a las razones mencionadas anteriormente, como su enfoque materialista, su énfasis en la sexualidad y su rechazo de la religión como una ilusión.
- Muchos líderes religiosos consideraron que el psicoanálisis era incompatible con las creencias cristianas.

Sin embargo, con el tiempo, hubo una evolución en la percepción del psicoanálisis por parte de algunos líderes religiosos y sectores de la iglesia.

- A medida que el campo de la psicología y la psicoterapia se desarrollaba y maduraba, algunos teólogos y consejeros cristianos comenzaron a ver el valor clínico y terapéutico en las ideas y técnicas del psicoanálisis.
- Reconocieron que, a pesar de sus diferencias fundamentales con la fe cristiana, el psicoanálisis podía ofrecer perspicacia y herramientas útiles para comprender y abordar problemas psicológicos y emocionales.

Este cambio gradual en la percepción llevó a la aparición de lo que se conoce como "psicología cristiana" o "consejería cristiana", que busca integrar principios de la fe cristiana con enfoques terapéuticos seculares, incluido el psicoanálisis.

- Algunos consejeros cristianos comenzaron a utilizar técnicas psicoanalíticas adaptadas a una perspectiva cristiana, enfocándose en aspectos como la sanación espiritual y la responsabilidad moral.

Sin embargo, es importante destacar que la aceptación y la integración del psicoanálisis en la comunidad religiosa cristiana varía ampliamente según las denominaciones y las creencias individuales.

- Aunque algunos sectores de la iglesia han abrazado aspectos de la psicología y la psicoterapia, otros todavía mantienen reservas debido a las diferencias fundamentales en las cosmovisiones entre el psicoanálisis y la fe cristiana.

En resumen, el psicoanálisis fue inicialmente recibido con escepticismo y hostilidad por parte de algunos sectores de la iglesia, pero con el tiempo, algunos líderes religiosos y consejeros cristianos comenzaron a ver su valor clínico y terapéutico, lo que llevó a una integración gradual en la consejería cristiana.

- Sin embargo, la aceptación varía según las creencias individuales y las denominaciones dentro del cristianismo.

MÓDULO 6: EL MODELO COGNITIVO-CONDUCTUAL APLICADO A LA CONSEJERÍA CRISTIANA

SECCIÓN 6.1: VENTAJAS Y DESVENTAJAS DE CADA MODELO

Cuestionario.

1. ¿Cuál es uno de los conceptos fundamentales del Modelo Cognitivo-Conductual en la consejería cristiana?

a) La relación entre el cuerpo y el alma.

b) La relación entre pensamientos, emociones y comportamientos.

c) La importancia de la meditación constante.

2. ¿Cómo puede influir lo que pensamos en nuestro estado emocional según el Modelo Cognitivo-Conductual?

a) No tiene influencia en nuestras emociones.

b) Puede influir en cómo nos sentimos.

c) Solo influye en nuestro comportamiento.

3. ¿Qué tipo de patrones negativos se buscan identificar en este modelo?

a) Patrones de sueño.

b) Patrones de alimentación.

c) Patrones de pensamiento negativos o distorsionados.

4. ¿En qué consiste la reestructuración cognitiva en el Modelo Cognitivo-Conductual?

a) Consiste en aceptar todos los pensamientos sin cuestionarlos.

b) Implica cuestionar y desafiar pensamientos distorsionados.

c) Consiste en ignorar los pensamientos negativos.

5. ¿Cómo pueden los principios bíblicos ayudar en el proceso de reestructuración cognitiva?

a) No tienen influencia en este proceso.

b) Ayudan a alinear los pensamientos con la verdad bíblica.

c) Hacen que los pensamientos sean más negativos.

6. ¿Qué versículo bíblico se menciona en relación con la renovación de la mente en la consejería cristiana basada en el Modelo Cognitivo-Conductual?

a) Juan 3:16.

b) Romanos 12:2.

c) Salmos 23:1.

7. ¿Cómo se utiliza el Modelo Cognitivo-Conductual en la consejería cristiana además de abordar desafíos emocionales?

a) No se utiliza para otros fines.

b) Se utiliza para el crecimiento espiritual.

c) Solo se usa en situaciones de crisis.

8. ¿Qué figura del cristianismo dijo: "La mente es el timón del barco, y como el timón gira, así girará el barco"?

a) Charles Spurgeon.

b) Timothy Keller.

c) Gary R. Collins.

9. ¿Cómo comienza el cambio según Gary R. Collins en la consejería cristiana?

a) Con la renovación de la mente.

b) Cambiando el comportamiento.

c) Con la oración constante.

10. ¿Qué nos indica Timothy Keller sobre la relación entre pensamientos, emociones y acciones?

a) Que no están relacionados.

b) Que nuestros pensamientos determinan nuestros sentimientos y acciones.

c) Que solo nuestras acciones influyen en nuestros sentimientos.

Respuestas correctas:
- 1. b)   2. b)   3. c).   4. b).   5.b).   6. b)   7. b)   8. a).   9. a)   10. b)

Aportes Finales:

Importancia de la meditación en la Palabra de Dios: La meditación en las Escrituras es una práctica que puede ayudar a las personas a renovar sus mentes.

- Al enfocarse en los pasajes bíblicos que hablan de la verdad, la gracia y el amor de Dios, las personas pueden contrarrestar pensamientos negativos.
- Esto se relaciona con el Salmo 1:2, que enfatiza que meditar en la ley de Dios es una fuente de deleite y fortaleza espiritual.
- La meditación en la Palabra de Dios puede llevar a una mayor comprensión de Su voluntad y una mente más centrada en Cristo.

El poder de la oración en la renovación de la mente: La oración desempeña un papel fundamental en la vida del creyente y en la consejería cristiana.

- A través de la oración, las personas pueden buscar la guía y la transformación del Espíritu Santo.
- Filipenses 4:6-7 nos recuerda que, al llevar nuestras preocupaciones y peticiones delante de Dios en oración, experimentamos la paz de Dios que guarda nuestros corazones y pensamientos en Cristo Jesús.
- La oración constante y la comunión con Dios pueden ayudar en la renovación de la mente, proporcionando consuelo y dirección.

La importancia de la comunidad cristiana: La comunidad de fe ofrece apoyo emocional y espiritual en el proceso de cambio y renovación de la mente.

- La interacción con otros creyentes, la consejería pastoral y el compañerismo pueden proporcionar perspectivas valiosas y aliento.
- Hebreos 10:24-25 destaca la importancia de reunirse con otros creyentes para estimularse al amor y las buenas obras, lo que puede ser esencial para superar desafíos mentales y espirituales.
- La comunidad cristiana puede ser un lugar de refugio y sanación.

La gracia y el perdón de Dios: En la consejería cristiana, es esencial recordar el inmenso amor y perdón de Dios a través de Cristo.
- La conciencia de que Dios es fiel y justo para perdonar nuestros pecados, como se menciona en 1 Juan 1:9, puede liberar a las personas de la culpa y la condenación.
- Esto puede ser particularmente relevante en el contexto de la renovación de la mente, ya que permite a los individuos dejar atrás pensamientos negativos y experimentar la restauración espiritual.
- La gracia de Dios es un poderoso motivador para el cambio.

La mente de Cristo como objetivo: El objetivo final en el proceso de renovación de la mente es llegar a tener la mente de Cristo.
- Esto va más allá de cambiar patrones de pensamiento negativos; implica adoptar la perspectiva, los valores y la sabiduría de Jesús.
- Como se menciona en 1 Corintios 2:16, los creyentes tienen la mente de Cristo.
- Esto significa que, a medida que crecemos espiritualmente, podemos reflejar cada vez más los pensamientos y la mente de Cristo en nuestras decisiones y acciones.
- La mente de Cristo nos guía hacia una vida más alineada con Su voluntad y propósito.

Estos aportes finales resaltan cómo la espiritualidad y la fe en Dios desempeñan un papel fundamental en la renovación de la mente en el contexto del Modelo Cognitivo-Conductual en la consejería cristiana.
- La meditación en la Palabra de Dios, la oración, la comunidad de fe, la gracia divina y la búsqueda de la mente de Cristo son elementos esenciales en este proceso de transformación y crecimiento espiritual.

SECCIÓN 6.2: PRINCIPIOS DEL MODELO COGNITIVO-CONDUCTUAL

Cuestionario.

1. ¿Cuál es el enfoque principal del Modelo Cognitivo-Conductual en la identificación de patrones cognitivos?

    a) La relación entre pensamientos y comportamientos.

    b) La influencia de la familia en nuestros pensamientos.

    c) La relación entre pensamientos, emociones y comportamientos.

2. ¿Qué técnica clave se utiliza para identificar patrones automáticos de pensamiento en el Modelo Cognitivo-Conductual?

    a) La exposición gradual.

    b) El cuestionamiento de pensamientos negativos.

    c) La meditación profunda.

3. ¿Cómo se relacionan los pensamientos con las emociones y los comportamientos según el Modelo Cognitivo-Conductual?

    a) Los pensamientos son independientes de las emociones y comportamientos.

    b) Los pensamientos influyen en las emociones y comportamientos.

    c) Las emociones determinan los pensamientos y comportamientos.

4. ¿Por qué es importante identificar patrones automáticos de pensamiento en la consejería cristiana?

    a) Para demostrar superioridad sobre los demás.

    b) Para comprender cómo los pensamientos influyen en las emociones y comportamientos.

    c) Para evitar la introspección.

5. ¿Cuál de los siguientes NO es un ejemplo de patrón cognitivo distorsionado?

a) La generalización excesiva.

b) La filtración.

c) La aceptación incondicional.

6. ¿Cuál es el objetivo de la reestructuración cognitiva en el Modelo Cognitivo-Conductual?

a) Mantener patrones de pensamiento negativos.

b) Cambiar pensamientos negativos por otros más realistas y positivos.

c) Ignorar completamente los pensamientos.

7. ¿Qué técnica se utiliza en la reestructuración cognitiva para cuestionar los pensamientos negativos?

a) La exposición gradual.

b) La meditación profunda.

c) El cuestionamiento de pensamientos negativos.

8. ¿Cómo se busca respaldar o refutar pensamientos negativos en la reestructuración cognitiva?

a) Buscando evidencia que los respalde.

b) Ignorando los pensamientos negativos.

c) Buscando evidencia que los refute.

9. ¿En qué se basa la técnica de exposición gradual en el Modelo Cognitivo-Conductual?

a) En evitar por completo las situaciones temidas.

b) En exponer a la persona de manera gradual a sus temores.

c) En enfrentar los temores de manera inmediata.

10. ¿Qué principio bíblico se integra en la consejería cristiana durante la exposición gradual?

a) La necesidad de evitar situaciones temidas.

b) La confianza en Dios en momentos de ansiedad.

c) La dependencia exclusiva en uno mismo.

Respuestas correctas:

- 1. c)   2. b)   3. b).   4. b).   5.c).   6. b)   7. c)   8. c).   9. b)   10. b)

Aportes Finales:

Identificación de Patrones Cognitivos:

La importancia de la reflexión según Filipenses 4:8: Filipenses 4:8 nos exhorta a pensar en cosas verdaderas, nobles, justas, puras, amables y dignas de elogio.

- Esta Escritura recalca la necesidad de identificar patrones cognitivos que estén alineados con estas virtudes.
- En la consejería cristiana, se puede utilizar este versículo como guía para evaluar y cambiar los pensamientos negativos hacia aquellos que reflejan la pureza y la bondad, promoviendo así una mente renovada.

El papel de la confesión y el perdón según 1 Juan 1:9: 1 Juan 1:9 nos enseña sobre la importancia de la confesión de pecados y el perdón de Dios.

- En el contexto de la identificación de patrones cognitivos, este principio bíblico puede recordarnos que debemos estar dispuestos a reconocer nuestros pensamientos negativos y distorsionados como una forma de confesión.
- Al hacerlo, podemos abrirnos a la transformación y experimentar el perdón y la restauración que Dios ofrece.

Reestructuración Cognitiva:

La renovación de la mente según Romanos 12:2: Romanos 12:2 nos llama a no conformarnos al patrón de pensamiento del mundo, sino a ser transformados mediante la renovación de la mente.

- La reestructuración cognitiva en el Modelo Cognitivo-Conductual está en perfecta armonía con este versículo, ya que busca precisamente cambiar patrones de pensamiento negativos y mundanos por pensamientos que reflejen la verdad y la voluntad de Dios.
- Este proceso de renovación es esencial para el crecimiento espiritual y la alineación con la mente de Cristo.

El poder transformador de la Palabra de Dios: La integración de principios bíblicos en la reestructuración cognitiva resalta el poder transformador de la Palabra de Dios.

- Cuando las personas reemplazan pensamientos negativos con la verdad bíblica, están experimentando una renovación genuina de su mente.
- Los versículos y principios de la Biblia se convierten en herramientas poderosas para desafiar patrones de pensamiento erróneos y llevar a las personas a una comprensión más profunda de la verdad divina.

Exposición Gradual:

La confianza en Dios en tiempos de temor según Isaías 41:10: Isaías 41:10 nos recuerda que no debemos temer porque Dios está con nosotros, nos fortalecerá y nos ayudará.

- La técnica de exposición gradual en la consejería cristiana se basa en esta confianza en Dios.
- A medida que las personas avanzan gradualmente para enfrentar sus miedos y ansiedades, confían en que Dios está a su lado, guiándolos y brindándoles fortaleza.
- Esto refuerza la idea de que la fe y la dependencia en Dios son fundamentales en el proceso de superar temores y fobias.

Estos aportes finales profundizan en cómo los principios bíblicos no solo se integran en el Modelo Cognitivo-Conductual, sino que también se convierten en un pilar sólido para el cambio y la transformación en la consejería cristiana.

- La Palabra de Dios y la confianza en Él desempeñan un papel fundamental en el proceso de identificación de patrones cognitivos, reestructuración cognitiva y exposición gradual, llevando a una experiencia de crecimiento espiritual y emocional más profunda.

SECCIÓN 6.3: INTEGRACIÓN DE PRINCIPIOS BÍBLICOS

Cuestionario.

1. ¿Cuál es el enfoque principal de la integración de principios bíblicos en el Modelo Cognitivo-Conductual?

a) La promoción de técnicas de meditación profunda.

b) La transformación del comportamiento externo.

c) La renovación de la mente de acuerdo con la enseñanza bíblica.

2. ¿Qué versículo bíblico enfatiza la renovación de la mente en el contexto de la integración de principios bíblicos?

a) Filipenses 4:8.

b) Proverbios 3:16.

c) 2 Timoteo 2:7.

3. ¿Qué técnica clave se utiliza para reemplazar pensamientos negativos con verdades bíblicas en la reestructuración cognitiva?

a) La exposición gradual.

b) El cuestionamiento de pensamientos negativos.

c) La meditación profunda.

4. ¿Qué se busca promover al reemplazar pensamientos negativos con principios bíblicos?

a) Una mente más cerrada a la verdad.

b) Una transformación mental y espiritual.

c) Una mayor resistencia a la corrección.

5. ¿Cuál es el llamado bíblico relacionado con la identificación de creencias distorsionadas?

a) Tomar cautivos los pensamientos (2 Corintios 10:5).

b) Aceptar todos los pensamientos sin cuestionarlos.

c) Ignorar por completo los pensamientos negativos.

6. ¿Qué implica el proceso de reemplazar creencias distorsionadas con verdades bíblicas?

a) Mantener las creencias distorsionadas para evitar el conflicto.

b) Desafiar y corregir pensamientos que van en contra de los principios de Dios.

c) Ignorar los pensamientos negativos y esperar que desaparezcan.

7. ¿Qué beneficio se obtiene al eliminar creencias distorsionadas en la consejería cristiana?

a) Se promueve la aceptación de la mentira.

b) Se fortalece la fe del individuo.

c) Se evita el proceso de renovación de la mente.

8. ¿Cómo se relaciona la identificación y corrección de creencias distorsionadas con la voluntad de Dios?

a) Al promover la alineación con la voluntad personal del individuo.

b) Al permitir que la mente se alinee más completamente con la voluntad de Dios.

c) Al alejar al individuo de la espiritualidad.

9. ¿La transformación de la mente mediante la identificación de creencias distorsionadas es un evento único o un proceso continuo?

a) Un evento único.

b) Un proceso continuo.

c) Depende de la voluntad del individuo.

10. ¿Qué versículo bíblico destaca la importancia de cuidar el corazón, que está relacionado con la identificación de creencias distorsionadas?

a) Proverbios 4:23.
b) 1 Corintios 13:4.
c) Hebreos 12:2.

Respuestas correctas:
- 1. c)   2. a)   3. b).   4. b).   5.a).   6. b)   7. b)   8. b).   9. b)   10. a)

Aportes Finales:

Renovación de la Mente:
La importancia de la meditación en la Palabra de Dios: La renovación de la mente no se trata solo de cambiar patrones de pensamiento, sino también de sumergirse en la Palabra de Dios a través de la meditación.

- La meditación constante en la verdad bíblica fortalece la transformación mental y espiritual (Salmo 1:2).
- Cuando los creyentes reflexionan profundamente sobre las Escrituras, permiten que la verdad de Dios penetre en su conciencia y moldee su forma de pensar.

El papel de la oración en la renovación: La oración constante es esencial en el proceso de renovación de la mente.

- La comunicación regular con Dios (1 Tesalonicenses 5:17) permite a las personas buscar Su dirección, sabiduría y fortaleza en el camino hacia la transformación.
- La oración proporciona un espacio para entregar pensamientos y preocupaciones, lo que contribuye a una mente renovada y en paz.

Identificación de Creencias Distorsionadas:
La importancia de la humildad según Filipenses 2:3-4: Filipenses 2:3-4 nos insta a considerar a los demás como más importantes que nosotros mismos y a no buscar solo nuestros propios intereses.

- Este principio de humildad es relevante en el proceso de identificar creencias distorsionadas.
- Reconocer que nuestras percepciones pueden ser limitadas o erróneas requiere humildad.
- La humildad nos permite estar abiertos a la corrección y a considerar las perspectivas de los demás en la comunidad cristiana.

La corrección amorosa según Gálatas 6:1: Gálatas 6:1 nos llama a restaurar con espíritu de humildad a aquellos que caen en falta.
- En el contexto de la identificación de creencias distorsionadas, esto enfatiza la importancia de la corrección amorosa dentro de la comunidad cristiana.
- Cuando los hermanos en la fe detectan creencias o pensamientos distorsionados en otros, deben abordar la situación con amor, comprensión y empatía.
- Esto crea un ambiente de apoyo y restauración en lugar de condenación.

Estos aportes finales subrayan cómo la integración de principios bíblicos no solo es teórica sino que se traduce en prácticas espirituales y éticas profundas en la vida de un creyente.
- La meditación en la Palabra, la oración constante, la humildad y la corrección amorosa son elementos fundamentales que enriquecen el proceso de renovación de la mente y la identificación de creencias distorsionadas en la consejería cristiana.

ENSAYO:
Título: La Relevancia del Modelo de Albert Ellis y su Coincidencia con el Modelo Cognitivo-Conductual en la Consejería Cristiana

Introducción
La consejería cristiana es un campo que combina la fe y la psicología para brindar apoyo espiritual y emocional a individuos que buscan ayuda en su vida personal y espiritual.
- Uno de los modelos psicológicos que ha demostrado ser altamente relevante en este contexto es el modelo cognitivo-conductual.

- En este ensayo, exploraremos el modelo de Albert Ellis, un destacado psicoterapeuta que desarrolló la Terapia Racional Emotiva Conductual (TREC), y cómo sus principios coinciden con el enfoque del Modelo Cognitivo-Conductual.
- También analizaremos por qué estos principios básicos pueden aplicarse eficazmente en la consejería cristiana, destacando la intersección entre la psicología y la fe.

El Modelo de Albert Ellis y sus Coincidencias con el Modelo Cognitivo-Conductual

El modelo de Albert Ellis, la Terapia Racional Emotiva Conductual (TREC), se basa en la premisa fundamental de que nuestros pensamientos influyen en nuestras emociones y comportamientos.

- Esta premisa coincide estrechamente con el enfoque del Modelo Cognitivo-Conductual, que sostiene que existe una relación intrínseca entre pensamientos, emociones y comportamientos.
- Ambos modelos reconocen que lo que pensamos puede influir de manera significativa en cómo nos sentimos y cómo actuamos.

En el corazón de la TREC se encuentra la idea de que las creencias irracionales y disfuncionales son la fuente de muchas perturbaciones emocionales.

- Ellis argumenta que las personas tienden a tener creencias irracionales, como la necesidad de aprobación de todos o la creencia de que deben tener éxito en todo lo que hacen.
- Estas creencias irracionales pueden generar emociones negativas como la ansiedad o la depresión, así como comportamientos autodestructivos.

Esta conexión entre creencias irracionales y emociones negativas es una característica fundamental del Modelo Cognitivo-Conductual.

- En la consejería cristiana, se utiliza este enfoque para ayudar a las personas a identificar patrones de pensamiento negativos o distorsionados que pueden estar contribuyendo a sus problemas emocionales o espirituales.
- Por ejemplo, alguien que lucha con la culpa excesiva puede tener la creencia irracional de que debe ser perfecto para ser amado por Dios.

Aplicación en la Consejería Cristiana

La aplicabilidad de estos modelos en la consejería cristiana radica en su capacidad para abordar los desafíos emocionales y espirituales desde una perspectiva basada en principios bíblicos.

Aquí hay varias razones por las cuales los principios básicos de estos modelos pueden aplicarse efectivamente en este contexto:

1. **Renovación de la Mente según Romanos 12:2:** El Modelo Cognitivo-Conductual y la TREC comparten la idea de renovar la mente para alinearla con la verdad.
    - Esto se refleja en Romanos 12:2, que insta a no conformarse al patrón de pensamiento del mundo, sino a transformarse mediante la renovación de la mente.
    - La consejería cristiana utiliza estos modelos para desafiar y reemplazar pensamientos negativos con la verdad bíblica, lo que lleva a una mayor paz interior y una relación más saludable con Dios.

2. Identificación de Creencias Distorsionadas a la Luz de la Biblia: En la TREC y el Modelo Cognitivo-Conductual, se fomenta la identificación de creencias distorsionadas.
- En la consejería cristiana, este proceso se lleva a cabo a la luz de principios bíblicos.
- Los aconsejados son alentados a reemplazar pensamientos negativos con la verdad bíblica.
- Por ejemplo, en lugar de creer que deben ser perfectos para ser amados por Dios, se les recuerda que Dios los ama incondicionalmente, independientemente de sus acciones (Efesios 2:8-9).

3. Fortalecimiento de la Fe: Al alinear sus pensamientos y creencias con las Escrituras, los individuos experimentan un fortalecimiento de su fe.
- La consejería cristiana basada en estos modelos les permite ver cómo las enseñanzas bíblicas se aplican a su vida y cómo pueden confiar en Dios en medio de sus desafíos.
- Esto les brinda una base sólida para su crecimiento espiritual.

4. Cambio de Perspectiva Espiritual: Al reemplazar creencias irracionales con verdades bíblicas, las personas cambian su perspectiva espiritual.
- Comienzan a ver sus desafíos desde una lente basada en la fe en lugar del temor.
- Esto fomenta una relación más profunda con Dios y una mayor confianza en Su guía.

5. Apoyo en la Comunidad de Fe: La consejería cristiana basada en estos modelos puede integrarse de manera efectiva en la comunidad de fe.

- Los líderes religiosos y consejeros pueden trabajar juntos para brindar apoyo emocional y espiritual coherente con las creencias religiosas de los individuos.

Conclusión

En resumen, el modelo de Albert Ellis y el Modelo Cognitivo-Conductual comparten similitudes fundamentales en la forma en que abordan la relación entre pensamientos, emociones y comportamientos.

- Estos modelos son altamente relevantes en la consejería cristiana debido a su capacidad para integrar principios bíblicos y ayudar a las personas a renovar sus mentes de acuerdo con la verdad de Dios.
- Al desafiar creencias irracionales y distorsionadas con la sabiduría de las Escrituras, se promueve una transformación mental y espiritual que fortalece la fe y la relación con Dios.
- La intersección entre la psicología y la fe ofrece un enfoque integral para abordar los desafíos emocionales y espirituales en la consejería cristiana.

MÓDULO 7: EL MODELO SISTÉMICO FAMILIAR, APLICADO A LA CONSEJERÍA CRISTIANA

SECCIÓN 7.1: INTRODUCCIÓN AL MODELO-SISTÉMICO FAMILIAR

Cuestionario para evaluar el aprendizaje sobre el contenido del Modelo Sistémico-Familiar con un enfoque bíblico.

1. ¿Cuál es el enfoque principal del modelo sistémico-familiar?

a) La terapia individual.

b) Las dinámicas familiares y las relaciones interpersonales.

c) La resolución de conflictos personales.

2. ¿Por qué es importante considerar las dinámicas familiares en la consejería cristiana?

a) Porque son irrelevantes para la salud emocional y espiritual.

b) Porque las dinámicas familiares pueden influir en la salud emocional y espiritual de una persona.

c) Porque solo las dinámicas personales afectan a un individuo.

3. ¿Qué aspecto es fundamental en la terapia sistémico-familiar?

a) La terapia individual.

b) La exploración de la comunicación y los patrones de interacción en la familia.

c) La meditación personal.

4. ¿Qué se busca identificar y modificar en la terapia sistémico-familiar?

a) Patrones disfuncionales de comunicación.

b) La religión de los miembros de la familia.

c) La historia familiar.

5. ¿Cómo pueden las dinámicas familiares influir en la identidad y la fe de un individuo?

a) No tienen ningún impacto en la identidad y la fe.

b) Pueden fortalecer la identidad y la fe, o socavarlas si son conflictivas o perjudiciales.

c) Solo influyen en la fe, pero no en la identidad.

6. ¿En qué se basa el modelo sistémico-familiar en términos de principios bíblicos?

a) No tiene relación con la Biblia.

b) Se basa en principios bíblicos que enfatizan la importancia de las relaciones familiares.

c) Se basa únicamente en la psicología moderna.

7. ¿Cuál es el objetivo último del modelo sistémico-familiar?

a) El bienestar individual.

b) El bienestar de toda la familia.

c) La resolución rápida de problemas.

8. ¿Qué versículo bíblico enfatiza la importancia de la unidad y el amor en la familia?

a) Mateo 6:25-34.

b) Efesios 4:2-3.

c) Génesis 1:1.

9. ¿Cuál de los siguientes versículos bíblicos habla sobre la importancia del perdón y el amor en la familia?

a) Juan 3:16.

b) Colosenses 3:13-14.

c) Romanos 8:28.

10. ¿Cuál de los siguientes versículos bíblicos se refiere a la responsabilidad de instruir a los niños en su camino?

a) Éxodo 20:1-17.

b) Proverbios 22:6.

c) Lucas 10:27.

Respuestas correctas:
- 1. b)   2. b)   3. b).   4. a).   5.b).   6. b)   7. b)   8. b).   9. b)   10. b)

Aportes finales:

Importancia de la unidad familiar según Efesios 4:2-3:

Efesios 4:2-3 nos recuerda la importancia de la unidad en la familia y la comunidad cristiana.

- Estos versículos exhortan a los creyentes a vivir con humildad, amabilidad, paciencia y tolerancia mutua en amor.
- Esto se relaciona directamente con el enfoque del modelo sistémico-familiar, ya que promueve la comprensión mutua y la resolución de conflictos en la familia.
- La unidad en la familia es esencial para el bienestar emocional y espiritual de todos sus miembros, y estos principios bíblicos respaldan la necesidad de mantener relaciones saludables y armoniosas.

La relación entre el perdón y el amor en la familia según Colosenses 3:13-14:

Colosenses 3:13-14 enfatiza el perdón y el amor como elementos fundamentales en la vida de un creyente.

- El versículo insta a perdonarse mutuamente y a vestirse de amor, que es el vínculo perfecto.
- En el contexto de la terapia sistémico-familiar, estos principios bíblicos son esenciales para sanar heridas y restaurar relaciones rotas en la familia.
- El perdón y el amor fomentan la reconciliación y la unidad, lo que contribuye al bienestar emocional y espiritual de todos los miembros de la familia.

Instrucción de los niños en el camino adecuado según Proverbios 22:6:

Proverbios 22:6 nos exhorta a instruir a los niños en el camino adecuado, para que, cuando sean mayores, no se aparten de él.

- Este principio bíblico resalta la responsabilidad de los padres en la crianza y la educación de sus hijos.

- En el contexto del modelo sistémico-familiar, se reconoce que la influencia de los padres y la dinámica familiar en la formación de la identidad y la fe de los niños es fundamental.
- Los terapeutas pueden trabajar con las familias para ayudar a los padres a desempeñar este papel de manera efectiva y promover un ambiente que fortalezca la identidad espiritual de los niños.

El impacto de las dinámicas familiares en la identidad y la fe según el enfoque bíblico:

El modelo sistémico-familiar reconoce que las dinámicas familiares pueden tener un impacto profundo en la identidad y la fe de un individuo.

- Este concepto se relaciona con la idea bíblica de que un ambiente familiar que promueva el amor, la seguridad y la unidad puede fortalecer la identidad de un individuo como hijo de Dios.
- Por otro lado, las dinámicas conflictivas o perjudiciales pueden socavar la autoestima y la relación con Dios.
- Esta comprensión respalda la importancia de abordar las dinámicas familiares disfuncionales en la consejería cristiana para promover la salud emocional y espiritual de los individuos.

Aplicación práctica de principios bíblicos en la terapia sistémico-familiar para promover el bienestar emocional y espiritual de la familia:

El último aporte se refiere a la aplicación práctica de los principios bíblicos en la terapia sistémico-familiar.

- Los terapeutas que siguen este modelo pueden incorporar versículos como Efesios 4:2-3, Colosenses 3:13-14 y Proverbios 22:6 en su enfoque terapéutico.
- Esto implica que, además de abordar los problemas individuales, se trabaje en la mejora de la comunicación, la resolución de conflictos y la promoción de relaciones saludables basadas en principios bíblicos.
- Esto contribuye al bienestar emocional y espiritual de toda la familia, alineándose con el objetivo último del modelo sistémico-familiar.

SECCIÓN 7.2: PRINCIPIOS DEL MODELO SISTÉMICO-FAMILIAR

Cuestionario para evaluar el aprendizaje sobre los Principios del Modelo Sistémico-Familiar.

1. ¿Cuál es el enfoque principal del modelo sistémico-familiar?

a) Los problemas individuales.

b) Las dinámicas y patrones dentro de la familia.

c) La terapia individual.

2. ¿Qué concepto clave se explora en las dinámicas familiares según el modelo sistémico-familiar?

a) La comunicación efectiva.

b) Las interacciones, roles y reglas no escritas.

c) La salud mental individual.

3. ¿Por qué es importante considerar las dinámicas familiares en el modelo sistémico-familiar?

a) Porque los problemas individuales no están relacionados con la familia.

b) Porque las dinámicas familiares pueden influir en los problemas individuales.

c) Porque solo las dinámicas externas afectan a un individuo.

4. ¿Cuál es el principio fundamental del modelo sistémico-familiar sobre los problemas individuales?

a) Los problemas son independientes de la familia.

b) Los problemas están interconectados con las dinámicas familiares.

c) Los problemas solo pueden resolverse individualmente.

5. ¿Qué se explora en el modelo sistémico-familiar con respecto a los roles familiares?

a) Las preferencias personales.

b) Los roles y reglas no escritas.

c) Los roles asignados por un terapeuta.

6. ¿Cómo pueden los roles familiares influir en la autoimagen de los individuos según el modelo?

a) No tienen influencia en la autoimagen.

b) Pueden influir positivamente.

c) Pueden influir negativamente.

7. ¿Qué se examina en el modelo sistémico-familiar con respecto a las generaciones anteriores?

a) No se presta atención a las generaciones anteriores.

b) Cómo las generaciones anteriores pueden influir en la familia actual.

c) Cómo las generaciones anteriores son irrelevantes para la terapia.

8. ¿Qué respalda el modelo sistémico-familiar en términos de principios bíblicos?

a) La independencia de la familia.

b) Pasajes bíblicos que hablan de la importancia de las relaciones familiares y la unidad.

c) Principios psicológicos modernos.

9. ¿Cuál es el objetivo final de la terapia sistémico-familiar?

a) Resolver problemas individuales.

b) Promover la unidad, la comprensión mutua y la resolución de conflictos en la familia.

c) Fortalecer la individualidad de los miembros de la familia.

10. ¿Qué versículo bíblico respalda la importancia de mantener la unidad y el amor en la familia?

a) Génesis 1:1.

b) Efesios 4:2-3.

c) Juan 3:16.

Respuestas correctas:
- 1. b) 2. b) 3. b). 4. b). 5.b). 6. c) 7. b) 8. b). 9. b) 10. b)

Aportes Finales:

Dinámicas Familiares:
- Interconexión de Problemas Individuales y su relación con la salud emocional y espiritual, respaldado por la importancia de la reconciliación en Efesios 4:32.
- Roles y Reglas Familiares y su influencia en la autoimagen de los individuos, relacionado con Filipenses 2:4 que habla sobre cuidar de los demás.
- Influencia de las Generaciones Anteriores y su impacto en la dinámica familiar actual, respaldado por Proverbios 3:5-6 que destaca la confianza en la providencia divina.
- Versículos bíblicos que respaldan los principios del modelo sistémico-familiar y la importancia de la unidad y el amor en la familia, con énfasis en Efesios 4:2-3.
- Sanidad y Restauración Familiar, incluyendo la resolución de conflictos y la reconstrucción de relaciones, respaldado por pasajes como 1 Pedro 5:7 que habla de echar las ansiedades sobre Dios.

Comunicación y Relaciones:
- Importancia de la Comunicación Saludable y su relación con Proverbios 18:21 sobre el poder de la lengua.
- Escucha Activa y su relación con Santiago 1:19, que insta a ser "pronto para oír."
- Resolución Constructiva de Conflictos y su relación con Mateo 5:9 que menciona a los pacificadores como bienaventurados.
- Unidad y Amor en la Familia, respaldados por Proverbios 15:1 y 1 Corintios 1:10 que hablan de la importancia de la paz y la unidad.
- Apoyo Mutuo y su relación con Gálatas 6:2 que insta a sobrellevar las cargas de los demás.

Cambio y Adaptación:
- Dinámicas de Cambio en la Familia y su relación con la confianza en la providencia divina, respaldado por Salmo 55:22.
- Resiliencia Familiar y cómo la fe en Dios contribuye a la capacidad de enfrentar desafíos, relacionado con Isaías 41:10 que habla de no temer.
- Apego y Apoyo en la Familia y su relación con Filipenses 2:4 sobre cuidar de los demás.
- Adaptación Saludable a las Circunstancias

ENSAYO:

El Modelo Sistémico-Familiar en la Consejería Cristiana

Introducción

El modelo sistémico-familiar es una corriente de la terapia que se centra en las dinámicas y relaciones dentro de una familia como un sistema interconectado.
- En el contexto de la consejería cristiana, este enfoque cobra especial relevancia, ya que reconoce la importancia de la fe y la espiritualidad en la vida de las personas y su influencia en las relaciones familiares.
- En este ensayo, exploraremos diferentes escuelas o enfoques dentro del modelo sistémico-familiar y sus particularidades.
- Además, examinaremos cómo se puede aplicar este modelo a la consejería cristiana, integrando principios bíblicos para promover la salud emocional y espiritual de los individuos y sus familias.

Escuelas o Enfoques del Modelo Sistémico-Familiar

Terapia Familiar Estructural: Este enfoque, desarrollado por Salvador Minuchin, se centra en la estructura de la familia, es decir, cómo los miembros de la familia se organizan y se relacionan entre sí. Se presta especial atención a los roles familiares y a las fronteras familiares.

En la consejería cristiana, este enfoque puede aplicarse examinando cómo los roles y las fronteras en la familia reflejan o se relacionan con los principios bíblicos. Por ejemplo, se puede explorar si los roles de liderazgo en la familia se alinean con las enseñanzas bíblicas sobre la autoridad y el amor en el matrimonio.

Terapia Familiar Estratégica: Este enfoque, asociado con Jay Haley y Cloé Madanes, se centra en los problemas específicos y las soluciones pragmáticas. Se utiliza la comunicación y el cambio conductual para abordar los desafíos familiares.

En la consejería cristiana, se pueden aplicar estrategias de comunicación efectiva basadas en los principios bíblicos, como la importancia de la palabra amable (Proverbios 15:1) y el perdón (Colosenses 3:13), para resolver los problemas familiares.

Terapia Familiar Narrativa: Esta escuela, liderada por Michael White y David Epston, se enfoca en cómo las historias que las personas se cuentan a sí mismas y a los demás afectan sus identidades y sus relaciones.

En la consejería cristiana, se puede utilizar este enfoque para explorar las narrativas espirituales de los individuos y cómo estas narrativas influyen en su bienestar emocional. Por ejemplo, se puede ayudar a un individuo a reconstruir su historia espiritual a la luz de la gracia y el perdón de Dios.

Terapia Familiar Sistémica Transgeneracional: Este enfoque, desarrollado por Murray Bowen, se centra en cómo las dinámicas familiares se transmiten de generación en generación.

En la consejería cristiana, se puede utilizar para explorar la herencia espiritual de una familia y cómo las creencias y prácticas religiosas se transmiten a lo largo de las generaciones. Esto puede ayudar a comprender conflictos familiares relacionados con la fe y promover una sanación basada en principios bíblicos de perdón y reconciliación.

Aplicación del Modelo Sistémico-Familiar en la Consejería Cristiana

La aplicación del modelo sistémico-familiar en la consejería cristiana implica una integración cuidadosa de los principios bíblicos en los enfoques terapéuticos.

A continuación, se presentan algunas formas de aplicar este modelo:

Exploración de la Fe y la Espiritualidad: En la consejería cristiana, es esencial abordar la fe y la espiritualidad de los individuos y su impacto en las relaciones familiares. Se puede utilizar el enfoque narrativo para ayudar a las personas a reevaluar y reconstruir sus narrativas espirituales a la luz de la gracia y el perdón de Dios.

Comunicación Basada en Principios Bíblicos: Los principios de comunicación saludable, como escuchar activamente y hablar con amor, se pueden enfatizar en la terapia sistémico-familiar. Esto se alinea con versículos como Santiago 1:19 y Efesios 4:32.

Sanidad y Restauración Familiar: La terapia sistémico-familiar no solo busca identificar problemas, sino también promover la sanidad y la restauración en la familia. Se pueden aplicar principios de perdón y reconciliación basados en pasajes bíblicos como Colosenses 3:13 y 1 Pedro 5:7.

Promoción de la Unidad y el Amor Familiar: Los versículos como Efesios 4:2-3 que hablan de mantener la unidad del Espíritu en el vínculo de la paz pueden servir como guía para promover relaciones familiares armoniosas y amorosas.

Adaptación Saludable a las Circunstancias Cambiantes: La confianza en la providencia divina, respaldada por pasajes como Proverbios 3:5-6, puede ayudar a las familias a adaptarse de manera saludable a los cambios y desafíos.

Conclusion

El modelo sistémico-familiar ofrece un enfoque valioso para la consejería cristiana al considerar la importancia de las dinámicas familiares y la espiritualidad en la vida de las personas.

- Integrando principios bíblicos de amor, perdón, unidad y confianza en Dios, este enfoque puede ayudar a las familias a encontrar sanidad y restauración, promoviendo así el bienestar emocional y espiritual de sus miembros.
- La consejería cristiana sistémica-familiar se convierte en una herramienta efectiva para fortalecer las relaciones familiares y fomentar una vida espiritual saludable en el contexto de la fe cristiana.

SECCIÓN 7.3: INTEGRACIÓN DE PRINCIPIOS BÍBLICOS

Cuestionario para evaluar el aprendizaje sobre el contenido relacionado con la integración de principios bíblicos en el modelo sistémico-familiar

1. ¿Cuál es uno de los principios bíblicos clave relacionados con las relaciones familiares en el modelo sistémico-familiar?

    a) Respetar a los vecinos.

    b) Honrar a los padres.

    c) Ignorar los conflictos familiares.

2. Según Efesios 5:22-6:4, ¿Cuál es uno de los mandamientos relacionados con la familia?

    a) No te preocupes por tu familia.

    b) Honra a tu padre y a tu madre.

    c) Deja de hablar con tus hermanos.

3. ¿Cuál de los siguientes no es uno de los principios bíblicos integrados en el modelo sistémico-familiar?

    a) Unidad y amor en la familia.

    b) Roles familiares.

    c) Competencia entre hermanos.

4. ¿Qué enseñanza de Jesús se relaciona con el amor y la unidad dentro de la familia?

a) Amar solo a los amigos.

b) Amar a los enemigos.

c) No preocuparse por la familia.

5. ¿Qué versículo bíblico enfatiza la importancia de la comunicación respetuosa?

    a) Efesios 4:29.

    b) Mateo 5:3.

    c) Gálatas 2:20.

6. Según la Biblia, ¿Cuál es la actitud correcta hacia las cargas de los demás?

    a) Ignorarlas.

    b) Soportarlas y ayudar.

    c) Culpar a los demás.

7. ¿Qué versículo bíblico anima a compartir las alegrías y dificultades de los demás?

    a) Proverbios 3:5.

    b) Filipenses 2:4.

    c) Efesios 5:22.

8. ¿Qué principios bíblicos se relacionan con el perdón y la reconciliación en el modelo sistémico-familiar?

    a) Efesios 4:32 y Mateo 18:21-22.

    b) Proverbios 15:1 y Colosenses 3:13.

    c) Juan 13:34-35 y Romanos 12:15.

9. ¿Cuál es uno de los principios bíblicos relacionados con el trabajo en equipo en la familia?

    a) Filipenses 4:13.

    b) 1 Corintios 12:26.

    c) Efesios 4:15.

10. ¿Cuál es el principio bíblico que anima a vivir con amor, solidaridad y cuidado mutuo en la familia?

    a) 1 Tesalonicenses 5:11.

    b) Santiago 5:16.

    c) 1 Pedro 4:8.

Respuestas correctas:
- 1. b)   2. b)   3. c).   4. b).   5.a).   6. b)   7. b)   8. a).   9. b)   10. c)

Aportes Finales:

Aplicación Práctica de los Principios Bíblicos: Es importante aplicar activamente los principios bíblicos en la vida familiar. Esto implica honrar a los padres, promover el amor y la unidad, y practicar el perdón y la reconciliación como parte de la vida cotidiana.

Comunicación Respetuosa: La comunicación es fundamental en la familia. Los versículos como Efesios 4:29 nos recuerdan la importancia de hablar de manera edificante y amorosa entre los miembros de la familia.

Trabajo en Equipo y Solidaridad: El trabajo en equipo y la solidaridad son cruciales para mantener relaciones familiares fuertes. La colaboración y el apoyo mutuo se basan en principios bíblicos como 1 Corintios 12:26.

Responsabilidad Mutua: La carga de los demás debe ser una preocupación en la familia. Gálatas 6:2 nos insta a soportar las cargas de los demás y cumplir la ley de Cristo.

Perdón y Reconciliación: El perdón y la reconciliación son procesos que deben ser practicados en la familia. Mateo 18:21-22 nos enseña sobre la importancia de perdonar a nuestros hermanos.

La integración de estos principios bíblicos en el modelo sistémico-familiar fortalece las relaciones familiares y promueve un ambiente de amor, unidad y cuidado mutuo en el contexto de la fe cristiana.

PREGUNTAS CIRCULARES EN EL MODELO SISTEMICO FAMILIAR:

Las preguntas circulares son una técnica esencial en el enfoque sistémico, incluido el modelo sistémico-familiar.
- Estas preguntas se utilizan para explorar las dinámicas familiares y las interacciones entre los miembros de la familia de una manera no confrontativa y para obtener una comprensión más profunda de los problemas y las relaciones familiares.
- En la consejería bíblica, estas preguntas circulares pueden adaptarse para incorporar principios bíblicos y valores cristianos en la discusión.

Aquí tienes un ejemplo de una sesión de consejería bíblica con una familia donde se aplican preguntas circulares:

Terapeuta: (Dirigiéndose a un miembro de la familia) María, me gustaría que compartieras cómo te sientes acerca de la relación con tu hermano Juan.
María: Me siento frustrada y molesta porque siempre parece que no me escucha y no se preocupa por lo que siento.

Terapeuta: (Dirigiéndose a Juan) Juan, ¿puedes compartir cómo te sientes acerca de tu relación con María?
Juan: Me siento un poco abrumado a veces porque siento que María siempre está molesta conmigo, y no sé cómo hacer que las cosas sean mejores.

Terapeuta: (Ahora aplicando una pregunta circular) María, ¿cómo crees que podría ayudarte Juan para que te sientas más escuchada y apoyada en la relación?
María: Creo que sería útil si él pudiera tomarse un tiempo para hablar conmigo y escuchar mis preocupaciones en lugar de siempre estar ocupado con sus cosas.

Terapeuta: (Dirigiéndose a Juan) Juan, ¿estás dispuesto a considerar lo que María ha dicho y a encontrar formas de mejorar la comunicación con ella?
Juan: Sí, estoy dispuesto a intentarlo. Creo que es importante para nosotros y, además, creo que es lo que Dios nos llama a hacer, amarnos y cuidarnos mutuamente como hermanos en Cristo.

En este ejemplo, las preguntas circulares se utilizan para abrir la comunicación entre María y Juan de manera no confrontativa.

- La consejería bíblica enfatiza la importancia de aplicar los principios bíblicos en la resolución de conflictos y la mejora de las relaciones familiares.
- Aquí, se incorpora el principio bíblico del amor y el cuidado mutuo en la conversación.
- La sesión de consejería busca promover una comunicación más efectiva y una mejor comprensión de las necesidades y preocupaciones de ambos miembros de la familia, en línea con los valores cristianos.

LAS TRIANGULACIONES EN LA FAMILIA

Las triangulaciones son patrones de interacción en sistemas familiares en los que un miembro de la familia involucra a un tercero en una disputa o conflicto con otro miembro de la familia en lugar de abordar directamente el problema.

- Esto crea un triángulo emocional en el que la atención se desvía del conflicto original y se centra en la relación entre el miembro que ha sido involucrado y el tercero.
- Las triangulaciones pueden complicar aún más los problemas familiares y dificultar la resolución efectiva de los conflictos.

Aquí tienes un ejemplo de una sesión de consejería en la que el consejero muestra a la familia la existencia de una triangulación en el sistema familiar:

Terapeuta: (Dirigiéndose a la familia) Quiero hablar sobre un patrón de interacción que he notado en su familia. En muchas ocasiones, cuando surge un conflicto entre Juan y María, es común que involucren a su hermano Carlos en la discusión. ¿Alguna vez han notado esto?

Familia: (Asintiendo) Sí, eso sucede a menudo. Siempre parece que terminamos hablando sobre Carlos en lugar de resolver nuestro problema.

Terapeuta: Eso es lo que llamamos una triangulación. En lugar de abordar el conflicto directamente entre Juan y María, involucran a Carlos, creando un triángulo emocional en el que la atención se desvía del problema original. ¿Han notado cómo esto puede complicar aún más las cosas?

Juan: Sí, a veces terminamos discutiendo sobre Carlos y lo que hizo en lugar de lo que estábamos discutiendo al principio.

Terapeuta: Exacto. Las triangulaciones pueden ser problemáticas porque a menudo no se resuelven los problemas reales, y en cambio, se crea más conflicto y confusión. En lugar de enfrentar sus diferencias directamente, el foco se coloca en la relación de cada uno con Carlos.

María: Pero, ¿cómo dejamos de hacerlo?

Terapeuta: Esa es una excelente pregunta. En la consejería, trabajaremos juntos para identificar estas triangulaciones cuando ocurran y aprenderemos estrategias para abordar los conflictos de manera más directa y efectiva. Además, exploraremos cómo los principios bíblicos pueden guiarlos en la resolución de conflictos y la construcción de relaciones saludables.

En esta sesión, el consejero señala la existencia de una triangulación en el sistema familiar, donde los conflictos se desvían involucrando a un tercer miembro (Carlos) en lugar de abordar directamente los problemas entre Juan y María.

- El consejero ayuda a la familia a reconocer cómo esta dinámica puede complicar los problemas y ofrece orientación sobre cómo abordar los conflictos de manera más directa y efectiva, alineando el enfoque con los principios bíblicos de resolución de conflictos y relaciones saludables.

MÓDULO 8: EL MODELO DE CONFRONTACIÓN (NOUTÉTICO) APLICADO A LA CONSEJERÍA CRISTIANA

SECCIÓN 8.1: INTRODUCCIÓN AL MODELO DE CONFRONTACIÓN (NOUTÉTICO)

Cuestionario.

1. ¿Cuál es uno de los principios fundamentales en los que se basa el modelo de confrontación noutético?

    a) Justicia

    b) Amor y verdad bíblica

    c) Venganza

2. ¿Qué se busca con la confrontación noutético según la explicación dada?

    a) Juicio y condena

    b) Transformación y restauración

    c) Ignorar los problemas

3. ¿Cómo se llama el concepto que se alinea con la corrección fraternal en el modelo noutético?

    a) Redención

    b) Tolerancia

    c) Corrección fraternal

4. ¿Cuál es el propósito principal de la confrontación noutético?

a) Castigar a la persona

b) Edificar y restaurar

    c) Ignorar los problemas

5. Según el modelo noutético, ¿qué dimensiones pueden tener los problemas que enfrentamos?

    a) Solo emocionales

    b) Solo psicológicas

    c) También espirituales

6. ¿Qué se espera que haga la persona en el modelo noutético en relación a su crecimiento espiritual?

a) Esperar pasivamente a que otros lo corrijan

b) Asumir la responsabilidad personal y buscar cambiar

c) Negar la existencia de problemas

7. ¿Cómo se lleva a cabo la confrontación en el modelo noutético?

a) Con juicio y condena

b) Con gracia y amor

c) Ignorando la situación

8. ¿Qué versículo bíblico enfatiza el mandamiento de amarse los unos a los otros como parte del modelo noutético?

a) Génesis 1:1

b) Juan 13:34-35

c) Éxodo 20:3

9. ¿En qué versículo bíblico se menciona la responsabilidad de los creyentes de restaurar a alguien que ha caído en pecado?

a) Mateo 5:44

b) Gálatas 6:1-2

c) Romanos 12:19

10. ¿Cuál es uno de los aspectos más importantes al llevar a cabo la confrontación noutético?

a) Juzgar y condenar a la persona

b) Hacerlo de manera humilde y amorosa

c) Ignorar por completo los problemas

Respuestas correctas:
- 1. b)   2. b)   3. c).   4. b).   5.c).   6. b)   7. b)   8. b).   9. b)   10. b)

APORTES FINALES:

Profundización en los Principios Bíblicos: Los estudiantes pueden llevar a cabo un estudio más exhaustivo de los principios bíblicos relacionados con la confrontación noutético.
- Esto implica explorar pasajes adicionales que subrayen la importancia del amor y la verdad en las relaciones cristianas y la confrontación.
- Por ejemplo, pueden investigar Efesios 4:15, que habla sobre "decir la verdad en amor", resaltando la necesidad de equilibrar la verdad con la compasión en la confrontación.
- Esto permite una comprensión más completa de cómo los principios bíblicos se aplican en situaciones concretas de consejería.

Estudio de Casos Bíblicos: Los estudiantes pueden profundizar en casos bíblicos específicos en los que se aplicaron los principios de la confrontación noutético.
- Además del ejemplo de la restauración de Pedro por Jesús, pueden analizar otros casos como la corrección de Pablo a Pedro en Gálatas 2:11-14.
- Al estudiar estos casos, los estudiantes pueden extraer lecciones prácticas sobre cómo llevar a cabo la confrontación de manera efectiva y amorosa.

Práctica de Habilidades: Para internalizar los principios noutéticos, los estudiantes pueden participar en ejercicios de rol o escenarios de consejería simulados.
- Esto les brinda la oportunidad de aplicar los principios aprendidos en situaciones realistas y desarrollar habilidades prácticas para la confrontación con gracia y amor.
- También pueden recibir retroalimentación constructiva de sus compañeros o el instructor.

El Papel de la Oración: La oración desempeña un papel crucial en el modelo noutético, ya que busca la guía y el discernimiento divino.
- Los estudiantes pueden profundizar en la importancia de la oración antes, durante y después de la confrontación.
- Pueden explorar cómo la oración puede ayudar a mantener un corazón humilde y amoroso durante el proceso de confrontación, y cómo puede ser una herramienta poderosa para la restauración espiritual.

- Se pueden estudiar pasajes como Santiago 5:16, que habla sobre la oración efectiva de los justos.

Énfasis en la Comunidad Cristiana: Los estudiantes pueden reflexionar sobre la importancia de la comunidad cristiana en el modelo noutético.
- Pueden discutir cómo la comunidad brinda apoyo, responsabilidad y un entorno seguro para la confrontación.
- También pueden explorar cómo los principios de la confrontación noutético se aplican no solo en situaciones individuales, sino también en la vida de la iglesia en su conjunto.
- Esto fomenta la comprensión de que la confrontación noutético no es solo una práctica individual, sino una parte integral de la vida cristiana en comunidad.

Estos aportes adicionales ayudarán a los estudiantes a profundizar en su comprensión del modelo de confrontación noutético desde una perspectiva bíblica y a desarrollar habilidades prácticas para aplicarlo de manera efectiva en la consejería y las relaciones cristianas.

SECCIÓN 8.2: PRINCIPIOS DEL MODELO DE CONFRONTACIÓN (NOUTÉTICO)

Cuestionario.

1. ¿Cuál es el objetivo principal de la confrontación amorosa en el modelo noutético?

    a) Condenar al individuo

    b) Lograr el arrepentimiento y la restauración

    c) Ignorar el pecado

2. ¿Por qué se enfatiza la humildad en la confrontación amorosa?

    a) Para mostrar superioridad sobre el individuo confrontado

    b) Porque todos son pecadores necesitados de la gracia de Dios

    c) Para evitar la confrontación por completo

3. ¿Cuál es la base de la confrontación en el modelo noutético?

    a) Opiniones personales

    b) La verdad bíblica

    c) Experiencias individuales

4. ¿Cuál es el propósito principal de la confrontación amorosa en relación con la comunidad cristiana?

    a) Humillar y herir al individuo confrontado

    b) Promover el amor fraternal y la edificación

    c) Ignorar a la comunidad cristiana

5. ¿Qué responsabilidad tienen los creyentes según el modelo noutético?

    a) No tienen responsabilidad hacia otros creyentes

    b) Tienen la responsabilidad mutua de cuidar y corregir amorosamente

    c) Solo el líder de la iglesia tiene responsabilidad en la confrontación

6. ¿Qué se espera que haga el individuo confrontado durante la confrontación amorosa?

    a) Defenderse y justificar su comportamiento

    b) Reconocer y abandonar el pecado

    c) Ignorar la confrontación

7. ¿Qué versículo bíblico respalda la idea de que la confrontación busca el arrepentimiento y la restauración?

    a) Mateo 5:3-4

    b) Santiago 5:19-20

    c) 1 Corintios 13:4-7

8. Según Mateo 7:3-5, ¿qué se debe hacer antes de ayudar a un hermano a sacar la "astilla" de su ojo?

    a) Ignorar la "viga" en el propio ojo

    b) Sacar primero la "viga" del propio ojo

    c) Criticar al hermano por la "astilla"

9. ¿Cuál es el enfoque principal del modelo nouteético en la confrontación?

    a) Confrontar con enojo y crítica

    b) Confrontar con amor y basado en la verdad

    c) Evitar la confrontación por completo

10. ¿Qué rol desempeña la verdad bíblica en la confrontación nouteético?

    a) No tiene importancia en la confrontación

    b) Es la base y guía para la confrontación

    c) Debe ser ignorada en la confrontación

Respuestas correctas:

- 1. b)   2. b)   3. b).   4. b).   5.b).   6. b)   7. b)   8. b).   9. b)   10. b)

Exploración de Casos Bíblicos de Confrontación Amorosa: Los estudiantes pueden investigar y analizar casos bíblicos en los que se aplicaron los principios de la confrontación amorosa, como la restauración de David después de su pecado con Betsabé (2 Samuel 12).

- Esto proporcionaría ejemplos concretos de cómo se lleva a cabo la confrontación amorosa en la Biblia.

Énfasis en la Gracia de Dios: Los estudiantes pueden profundizar en el concepto de la gracia de Dios en el contexto de la confrontación amorosa.

- Pueden estudiar pasajes como Efesios 2:8-9 para comprender cómo la gracia de Dios es fundamental para el proceso de arrepentimiento y restauración.

Desarrollo de Habilidades Prácticas: Los estudiantes pueden participar en actividades prácticas que simulen situaciones de confrontación amorosa.

- Esto les permitirá aplicar los principios aprendidos y desarrollar habilidades efectivas de consejería basadas en la Biblia.

Discusión sobre Obstáculos en la Confrontación Amorosa: Se puede fomentar una discusión sobre los obstáculos comunes que las personas enfrentan al llevar a cabo la confrontación amorosa, como el miedo al rechazo o la resistencia a la corrección.

- Los estudiantes pueden buscar soluciones bíblicas para superar estos obstáculos.

Énfasis en la Restauración y el Crecimiento Espiritual: Los estudiantes pueden reflexionar sobre cómo la confrontación amorosa contribuye a la restauración y el crecimiento espiritual tanto del individuo confrontado como de la comunidad cristiana en general.

- Se pueden explorar pasajes como Gálatas 6:1-2 para resaltar la importancia de ayudarse mutuamente a llevar las cargas y cumplir la ley de Cristo.

Estos aportes adicionales enriquecerán el entendimiento y la aplicación de los principios del modelo de confrontación noutético con un enfoque bíblico, preparando a los estudiantes para llevar a cabo la confrontación amorosa de manera efectiva en sus vidas y ministerios.

¿Qué tipo de preguntas se hacen en el modelo noutético?

En el modelo noutético, el consejero utiliza una variedad de preguntas para guiar al aconsejado hacia la reflexión, el arrepentimiento y la restauración.
- Estas preguntas pueden clasificarse en diferentes categorías según su propósito.

Aquí te presento algunas categorías de preguntas y ejemplos de cada una, junto con la consideración de cómo se pueden agregar textos bíblicos o historias bíblicas para ayudar al aconsejado:

Preguntas Reflexivas:
> **Ejemplo:** "¿Has reflexionado sobre cómo tus acciones han afectado a otras personas en tu vida?"
> **Texto Bíblico:** Mateo 7:3-5 (reflejando sobre la viga en el ojo propio antes de la astilla en el ojo del hermano).

Preguntas de Autoevaluación:
> **Ejemplo:** "¿Qué crees que motivó tu comportamiento en esta situación?"
> **Texto Bíblico:** 2 Corintios 13:5 (examinarse a sí mismo para ver si está en la fe).

Preguntas de Confesión:
> **Ejemplo:** "¿Estás dispuesto a confesar tu pecado y buscar el perdón de Dios?"
> **Texto Bíblico:** 1 Juan 1:9 (la promesa de perdón a quienes confiesan sus pecados).

Preguntas de Empatía:
> **Ejemplo:** "¿Cómo te sentirías si estuvieras en el lugar de la persona que has lastimado?"
> **Historia Bíblica:** El relato de la parábola del buen samaritano (Lucas 10:25-37) puede ayudar a desarrollar la empatía.

Preguntas de Aplicación Bíblica:
> **Ejemplo:** "¿Puedes identificar principios bíblicos que se apliquen a tu situación?"
> **Texto Bíblico:** Proverbios 28:13 (el que confiesa y abandona hallará misericordia).

Preguntas de Perdón y Reconciliación:

Ejemplo: "¿Estás dispuesto a buscar la reconciliación con la persona a quien has herido?"

Texto Bíblico: Mateo 5:23-24 (ofrecer el don en el altar y reconciliarse con el hermano).

Preguntas de Responsabilidad y Compromiso:

Ejemplo: "¿Qué pasos concretos estás dispuesto a tomar para cambiar y crecer espiritualmente?"

Texto Bíblico: Gálatas 6:1-2 (ayudarse mutuamente a llevar las cargas).

Preguntas de Esperanza y Restauración:

Ejemplo: "¿Cómo visualizas tu vida después de experimentar el perdón y la restauración en Cristo?"

Texto Bíblico: El relato de la restauración de Pedro por Jesús después de su negación (Juan 21:15-17) puede inspirar esperanza.

El uso de textos bíblicos o historias bíblicas relevantes puede ser muy efectivo para que el aconsejado se identifique con personajes bíblicos que enfrentaron situaciones similares y experimentaron la gracia y el perdón de Dios.

- Esto puede ayudar a contextualizar los principios bíblicos en la vida del aconsejado y fortalecer su proceso de cambio y crecimiento espiritual.

SECCIÓN 8.3: INTEGRACIÓN DE PRINCIPIOS BÍBLICOS

Preguntas sobre restauración en amor. (8.3.1)

1. ¿Cuál es el enfoque principal del modelo noutético en relación con la restauración de los caídos?

    a) Condena y castigo

    b) Restauración en amor y mansedumbre

    c) Ignorar el problema

2. Según Gálatas 6:1, ¿cómo se debe restaurar a alguien que ha caído?

    a) Con orgullo y superioridad

    b) Con espíritu de mansedumbre, considerándote a ti mismo

    c) No se debe restaurar, sino condenar

3. ¿Qué apoyo se destaca en la consejería noutético?

    a) Apoyo económico

    b) Apoyo emocional y espiritual de la comunidad cristiana

    c) Apoyo médico

4. ¿Cuál es la responsabilidad mutua enfatizada en el modelo noutético?

    a) Ignorar a los hermanos en la fe

    b) Sobrellevar las cargas de los otros y cumplir la ley de Cristo

    c) Culpar a los demás por sus errores

5. ¿Cuál es el objetivo principal de la restauración en el modelo noutético?

    a) Humillar a la persona confrontada

    b) Lograr la unidad espiritual y el crecimiento en Cristo

    c) Evitar cualquier tipo de cambio

Preguntas sobre Verdad en Amor (8.3.2):

6. ¿Cuál es el fundamento principal de la confrontación en el modelo noutético?
- a) Opiniones personales
- b) La verdad bíblica
- c) Experiencias individuales

7. ¿Cómo se debe hablar la verdad en el modelo noutético?
- a) Con condena y crítica
- b) Con amor y gracia
- c) No es necesario hablar la verdad

8. ¿Qué principio bíblico respalda la corrección fraternal en el modelo noutético?
- a) Mateo 5:3-4
- b) Mateo 18:15-17
- c) Mateo 25:31-46

9. ¿Por qué es importante la Palabra de Dios en la consejería noutético?
- a) No tiene importancia en la consejería
- b) Es la fuente de verdad y corrección
- c) Debe ser ignorada en la consejería

10. ¿Cuál es el enfoque principal de la confrontación en el modelo noutético?
- a) Señalar errores sin ofrecer soluciones
- b) Restauración y crecimiento espiritual en amor
- c) Evitar cualquier forma de corrección

Respuestas correctas:
- 1. b) 2. b) 3. b). 4. b). 5.b). 6. b) 7. b) 8. b). 9. b) 10. b)

APORTES FINALES:

Aportes sobre Restauración en Amor (8.3.1):

Historias Bíblicas de Restauración: Además de la historia del hijo pródigo, se pueden explorar otras historias bíblicas de restauración, como la de David después de su pecado con Betsabé (2 Samuel 11-12).
- Estas historias demuestran cómo Dios restaura a quienes reconocen sus errores con humildad.

Desarrollo de Habilidades Prácticas de Restauración: Los estudiantes pueden participar en ejercicios prácticos de consejería donde practican la restauración en situaciones simuladas.
- Esto les permite desarrollar habilidades de escucha activa, empatía y comunicación efectiva.

Énfasis en el Perdón y la Gracia: Se puede destacar que el perdón y la gracia son elementos fundamentales de la restauración.
- Los estudiantes pueden reflexionar sobre cómo Jesús perdonó a Pedro después de su negación (Juan 21:15-17) como ejemplo de la gracia restauradora de Dios.

Oración por la Restauración: Se puede alentar a los estudiantes a incorporar la oración en el proceso de consejería, tanto por parte del consejero como del aconsejado.
- La oración es una herramienta poderosa para buscar la restauración y la dirección divina.

Apoyo Comunitario Activo: Además de aprender sobre el apoyo comunitario, los estudiantes pueden ser alentados a participar activamente en la vida de su comunidad cristiana.
- Esto implica ser un recurso disponible para la restauración de otros y fomentar un ambiente de amor y apoyo en su iglesia local.

Aportes sobre Verdad en Amor (8.3.2):

Análisis de Casos Bíblicos de Confrontación: Los estudiantes pueden profundizar en el análisis de casos bíblicos de confrontación, como la confrontación de Natán a David (2 Samuel 12:1-13).
- Esto les permite entender cómo se abordaron situaciones difíciles en la Biblia y cómo se aplicaron los principios de verdad en amor.

Estudio Profundo de Pasajes Clave: Se puede llevar a cabo un estudio más detallado de pasajes clave que enfatizan la importancia de hablar la verdad en amor, como Efesios 4:15 y Colosenses 4:6.
- Los estudiantes pueden explorar el contexto y la aplicación práctica de estos versículos.

Práctica de Comunicación Efectiva: Los estudiantes pueden participar en ejercicios de comunicación que incluyan la práctica de cómo expresar la verdad con amor y gracia.
- Esto puede involucrar la simulación de conversaciones difíciles y la retroalimentación constructiva.

Exploración de la Cultura de la Verdad en Amor: Los estudiantes pueden reflexionar sobre cómo la cultura contemporánea aborda la comunicación y la confrontación, y cómo estos enfoques se comparan con los principios bíblicos.
- Esto les ayudará a discernir cómo aplicar los principios en un contexto cultural cambiante.

Dinámicas de Grupos de Apoyo: Se pueden organizar dinámicas de grupos donde los estudiantes practiquen la comunicación efectiva en situaciones de confrontación.
- Esto les brinda la oportunidad de recibir retroalimentación de sus compañeros y aprender juntos sobre cómo aplicar la verdad en amor en diferentes escenarios.

Estos aportes fortalecerán la comprensión y la aplicación práctica de los principios de restauración en amor y verdad en amor en el modelo noutético, permitiendo a los estudiantes desarrollar habilidades efectivas de consejería basadas en la Palabra de Dios.

Un ejemplo de intervención a una pareja con problemas de comunicación en 5 sesiones considerando la responsabilidad de ambos.

Sesión 1: Evaluación y Compromiso Mutuo

Objetivos:

Evaluar la dinámica actual de la comunicación en la pareja.
Establecer un compromiso mutuo para trabajar en la mejora de la comunicación.

Actividades:

Cada miembro de la pareja comparte sus preocupaciones y expectativas sobre la comunicación.
Identificación de patrones de comunicación negativos y sus efectos.
Establecimiento de un compromiso mutuo para abordar los problemas juntos.

Sesión 2: Escucha Activa y Empatía

Objetivos:

Aprender técnicas de escucha activa.
Desarrollar la empatía hacia las necesidades y sentimientos del otro.

Actividades:

Ejercicios de escucha activa, donde cada miembro de la pareja practica escuchar sin interrumpir.
Discusión de cómo la empatía puede mejorar la comunicación y la conexión emocional.

Sesión 3: Comunicación Asertiva y Resolución de Conflictos

Objetivos:

Introducir la comunicación asertiva como un enfoque saludable.
Enseñar técnicas de resolución de conflictos constructivas.

Actividades:
> Role-playing de situaciones de conflicto, practicando la comunicación asertiva.
> Identificación de estrategias para abordar y resolver conflictos de manera efectiva.

Sesión 4: Comunicación No Verbal y Expresión de Sentimientos

Objetivos:
> Reconocer la importancia de la comunicación no verbal.
> Aprender a expresar sentimientos de manera efectiva.

Actividades:
> Análisis de la comunicación no verbal en la relación.
> Práctica de expresión de sentimientos de manera abierta y honesta.

Sesión 5: Plan de Comunicación y Compromiso Continuo

Objetivos:
> Desarrollar un plan de comunicación conjunto.
> Reafirmar el compromiso mutuo de mejorar la comunicación.

Actividades:
> Creación de un plan de comunicación que incluya metas y estrategias específicas.
> Compromiso de practicar la comunicación efectiva en la vida cotidiana.
> Discusión de recursos adicionales o apoyo necesario (como consejería adicional si es necesario).

Cada sesión se basa en la anterior, creando un proceso gradual de aprendizaje y mejora de la comunicación en la pareja.
- Es fundamental que ambos miembros asuman la responsabilidad de trabajar juntos en la construcción de una comunicación más saludable y efectiva.
- También es importante fomentar un ambiente de comprensión y apoyo mutuo a lo largo de todo el proceso de intervención.

Aquí te presento ejemplos de diálogos para algunas de las sesiones de intervención con una pareja que enfrenta problemas de comunicación:

Sesión 1: Evaluación y Compromiso Mutuo

Terapeuta: Buenas tardes a ambos. Para comenzar, quiero que compartan sus preocupaciones en cuanto a la comunicación en su relación. ¿Quién quisiera empezar?
Pareja 1: Siento que no me escucha cuando hablo. A veces, parece que ni siquiera prestas atención a lo que digo.
Pareja 2: Por mi parte, me siento criticado constantemente. Cada vez que intento hablar, siento que me juzgas.

Terapeuta: Gracias por compartir eso. Es importante entender cómo se sienten. Ahora, hablemos de su compromiso mutuo para trabajar en esto. ¿Ambos están dispuestos a hacerlo?
Pareja 1: Sí, estamos aquí porque queremos mejorar nuestra comunicación y salvar nuestra relación.
Pareja 2: Estoy de acuerdo. Queremos aprender a escucharnos mutuamente y ser más comprensivos.

Sesión 2: Escucha Activa y Empatía

Terapeuta: En esta sesión, vamos a practicar la escucha activa. Uno de ustedes comenzará, y el otro escuchará sin interrumpir. Luego, cambiarán de roles.
(Pareja 1 habla sobre un problema)
(Pareja 2 escucha sin interrumpir y asiente para mostrar que está prestando atención)

Terapeuta: Bien hecho. Ahora, cambien de roles.
(Pareja 2 habla sobre otro problema)
(Pareja 1 escucha sin interrumpir y asiente para mostrar que está prestando atención)
Terapeuta: Excelente. Ahora, hablemos de cómo se sintieron al ser escuchados de esta manera.

Sesión 3: Comunicación Asertiva y Resolución de Conflictos

Terapeuta: Esta sesión se trata de aprender a comunicarse de manera asertiva. La asertividad implica expresar sus necesidades y opiniones de manera respetuosa. Vamos a hacer un ejercicio de role-playing.
(Pareja 1 representa una situación de conflicto utilizando la comunicación asertiva)

Terapeuta: Muy bien, eso fue asertivo. Ahora, intentemos desde el otro lado.
(Pareja 2 representa la misma situación utilizando la comunicación asertiva)

Terapeuta: Fantástico. Han mostrado cómo se puede comunicar de manera efectiva incluso en situaciones difíciles.

Sesión 4: Comunicación No Verbal y Expresión de Sentimientos

Terapeuta: Hoy hablaremos sobre la comunicación no verbal y cómo puede influir en sus interacciones. Observemos cómo se comunican en esta conversación.
(La pareja comienza una conversación mientras el terapeuta observa la comunicación no verbal, como el lenguaje corporal y las expresiones faciales)

Terapeuta: Ahora, intenten expresar sus sentimientos abierta y honestamente.
(Pareja 1 expresa sus sentimientos sobre un tema importante)
(Pareja 2 escucha y responde con empatía y comprensión)

Sesión 5: Plan de Comunicación y Compromiso Continuo

Terapeuta: Hoy vamos a crear un plan de comunicación conjunto. Identifiquen las metas que quieren lograr y las estrategias que utilizarán para mejorar su comunicación.
(La pareja discute y crea un plan que incluye escuchar activamente, expresar sentimientos y practicar la comunicación asertiva)

Terapeuta: Muy bien. Ahora, comprométanse a seguir este plan y a practicar la comunicación efectiva en su vida cotidiana.

Estos diálogos son ejemplos de cómo podría desarrollarse una terapia de pareja centrada en la mejora de la comunicación.
- Es importante adaptar las conversaciones a las necesidades específicas de cada pareja y fomentar un ambiente de apoyo y comprensión a lo largo del proceso.

MÓDULO 9:
EL MODELO DE ECLÉCTICO APLICADO A LA CONSEJERÍA CRISTIANA

SECCIÓN 9.1: INTRODUCCIÓN AL MODELO ECLÉCTICO

Cuestionario.

1. ¿Qué característica fundamental define al enfoque ecléctico en la consejería cristiana?

a) Rigidez en la aplicación de un solo modelo terapéutico.

b) Personalización y combinación de elementos de diferentes modelos.

c) Exclusión de principios bíblicos en la consejería.

2. ¿Por qué se considera que el enfoque ecléctico es especialmente útil en la consejería cristiana?

a) Porque se centra exclusivamente en aspectos espirituales.

b) Por su capacidad para adaptarse a las necesidades individuales.

c) Por su adhesión rígida a un conjunto específico de técnicas.

3. ¿Cuál es una de las ventajas clave del modelo ecléctico en la consejería?

a) Limita la variedad de desafíos que puede abordar.

b) Se basa en un único modelo terapéutico.

c) Puede adaptarse a las circunstancias individuales de cada persona.

4. ¿Qué permite a los consejeros eclécticos hacer frente a una amplia gama de problemas?

a) La exclusión de elementos de otros modelos.

b) La rigidez en la selección de técnicas.

c) La capacidad de seleccionar y combinar técnicas de diferentes modelos.

5. ¿Cómo se integran los principios bíblicos en el proceso de consejería ecléctica?

a) No se integran en absoluto.

b) Se integran de manera central, excluyendo otros enfoques.

c) Se integran junto con otros modelos terapéuticos.

6. ¿Qué versículo bíblico respalda el enfoque ecléctico en la consejería?

a) Génesis 1:1 - "En el principio creó Dios los cielos y la tierra."

b) Proverbios 19:20 - "Escucha el consejo y acepta la corrección; así llegarás a ser sabio para el resto de tu vida."

c) Mateo 7:7 - "Pedid, y se os dará; buscad, y hallaréis; llamad, y se os abrirá."

7. ¿Qué aporta la flexibilidad al enfoque ecléctico en la consejería?

a) Limita las opciones disponibles para el consejero.

b) Permite al consejero seleccionar y combinar elementos de diferentes modelos.

c) Excluye la posibilidad de abordar problemas espirituales.

8. ¿Cuál es el objetivo principal del enfoque ecléctico en la consejería cristiana?

a) Establecer un único enfoque terapéutico para todos los casos.

b) Abordar exclusivamente los problemas psicológicos.

c) Proporcionar intervenciones personalizadas según las necesidades del aconsejado.

9. ¿Por qué es importante la adaptabilidad del enfoque ecléctico en la consejería?

a) Porque impide que se aborden problemas emocionales.

b) Porque cada individuo es único y tiene necesidades diferentes.

c) Porque se basa en un conjunto fijo de técnicas terapéuticas.

10. ¿Qué beneficio se obtiene al integrar principios bíblicos en la consejería ecléctica?

a) Se excluyen por completo los aspectos psicológicos.

b) Se abordan únicamente los aspectos espirituales.

c) Se puede abordar tanto lo espiritual como lo psicológico de los problemas.

Respuestas correctas:
- 1. b)　2. b)　3. c).　4. c).　5.c).　6. b)　7. b)　8. c).　9. b)　10. c)

Aportes finales:

Importancia de la Flexibilidad (1.1): La flexibilidad es esencial en la consejería ecléctica, ya que reconoce que cada individuo tiene su propia historia, necesidades y desafíos.
- Este enfoque nos recuerda el principio bíblico de que Dios trata con las personas de manera individual.
- Como se menciona en Jeremías 29:11 (NVI), "Porque yo sé muy bien los planes que tengo para ustedes, planes de bienestar y no de calamidad, a fin de darles un futuro y una esperanza".
- Este versículo enfatiza que Dios tiene un plan único para cada persona, lo que subraya la importancia de la adaptabilidad en la consejería cristiana.

Integración de la Biblia (1.2): La integración de principios bíblicos en la consejería ecléctica no solo es una opción, sino una base sólida.
- La Biblia ofrece sabiduría y guía espiritual que pueden ser aplicadas a una amplia variedad de problemas emocionales y espirituales.
- En 2 Timoteo 3:16-17 (NVI), se nos dice que "toda la Escritura es inspirada por Dios y útil para enseñar, para reprender, para corregir y para instruir en la justicia, a fin de que el siervo de Dios esté enteramente capacitado para toda buena obra".
- Este pasaje enfatiza la relevancia de la Biblia en la consejería y cómo puede ser utilizada en conjunto con otros enfoques terapéuticos.

Versículo Bíblico como Fundamento (1.3): El versículo Proverbios 19:20 (NVI) nos recuerda la importancia de escuchar consejos y aceptar correcciones.
- En el contexto de la consejería, esto significa que tanto el consejero como el aconsejado deben estar dispuestos a aprender y crecer juntos.
- La consejería cristiana ecléctica se basa en la idea de que el proceso de consejería es un viaje compartido hacia la sabiduría y la transformación espiritual.

Aplicación Práctica (1.4): Para que la consejería ecléctica sea efectiva, los consejeros deben tener un profundo conocimiento de varios modelos terapéuticos y ser capaces de seleccionar y combinar técnicas de manera sabia.

- Esto se alinea con el principio de que "en la multitud de consejeros hay sabiduría" (Proverbios 11:14, NVI).
- La consejería ecléctica busca aprovechar la sabiduría de múltiples fuentes para el beneficio del aconsejado.

Énfasis en la Individualidad (1.5): La consejería ecléctica refuerza la idea de que cada individuo es una creación única de Dios.

- Como se menciona en Salmo 139:14 (NVI), "Te alabo porque soy una creación admirable. ¡Tus obras son maravillosas, y esto lo sé muy bien!"
- Esta perspectiva bíblica destaca la importancia de tratar a cada persona con respeto y empatía, reconociendo su singularidad y sus necesidades únicas en el proceso de consejería.

En resumen, el enfoque ecléctico en la consejería cristiana, enriquecido con un enfoque bíblico, busca adaptarse a las necesidades individuales, integrar la sabiduría de la Biblia y otros enfoques terapéuticos, y promover el crecimiento espiritual y emocional de las personas de acuerdo con los principios bíblicos de flexibilidad, individualidad y aprendizaje continuo.

SECCIÓN 9.2: PRINCIPIOS DEL MODELO ECLÉCTICO

Cuestionario para evaluar el aprendizaje sobre los Principios del Modelo Ecléctico.

1. ¿Cuál es el enfoque principal del modelo ecléctico en la consejería?

a) Un enfoque rígido y universal para todos.

b) La adaptabilidad a las necesidades individuales.

c) La imposición de un solo modelo terapéutico.

2. ¿Qué concepto clave se relaciona con la adaptabilidad en el modelo ecléctico?

a) Personalización de la intervención.

b) Adhesión a un enfoque único.

c) Limitación de técnicas terapéuticas.

3. ¿Por qué es importante la adaptabilidad en la consejería ecléctica?

a) Porque garantiza un enfoque universal para todos los aconsejados.

b) Porque reconoce que cada persona es única y enfrenta desafíos diferentes.

c) Porque impide la utilización de técnicas terapéuticas.

4. ¿Qué significa la personalización de la intervención en el modelo ecléctico?

a) Aplicar un enfoque "talla única" para todos.

b) Adaptar las técnicas y estrategias terapéuticas a las necesidades específicas del aconsejado.

c) Excluir las necesidades y metas del aconsejado en la consejería.

5. ¿Qué ventaja ofrece el modelo ecléctico en cuanto a las técnicas terapéuticas?

a) Limita el acceso a un conjunto específico de técnicas.

b) Proporciona una amplia gama de técnicas y estrategias terapéuticas.

c) Excluye la posibilidad de utilizar herramientas de otros modelos terapéuticos.

6. ¿Por qué se integran principios bíblicos en el modelo ecléctico?

a) Para reforzar la rigidez del enfoque terapéutico.

b) Para proporcionar orientación espiritual en la consejería cristiana.

c) Porque la Biblia no tiene relevancia en la consejería.

7. ¿Qué versículo bíblico respalda la adaptabilidad en el modelo ecléctico?

a) Mateo 7:7 - "Pedid, y se os dará; buscad, y hallaréis; llamad, y se os abrirá."

b) 1 Corintios 9:22b (NVI) - "Me hice débil a los débiles, para ganar a los débiles. Me hice de todo para con todos, con tal de salvar a algunos."

c) Lucas 6:31 - "Y como queréis que hagan los hombres con vosotros, así también haced vosotros con ellos."

8. ¿Qué caracteriza la integración de enfoques terapéuticos en el modelo ecléctico?

a) La exclusión de cualquier otro enfoque que no sea cognitivo-conductual.

b) La combinación de elementos de diferentes corrientes terapéuticas.

c) La adhesión estricta a un solo enfoque terapéutico.

9. ¿Por qué la integración de enfoques terapéuticos promueve un enfoque holístico?

a) Porque se centra únicamente en la mente y el comportamiento.

b) Porque considera la espiritualidad, las emociones y el bienestar general del individuo.

c) Porque excluye la espiritualidad en la consejería.

10. ¿Qué versículo bíblico respalda la importancia de la verdad en la consejería ecléctica?

a) Proverbios 3:5-6 (NVI) - "Confía en el Señor de todo corazón, y no en tu propia inteligencia. Reconócelo en todos tus caminos, y él allanará tus sendas."

b) Salmo 119:105 (NVI) - "Tu palabra es una lámpara a mis pies; es una luz en mi sendero."

c) 1 Corintios 3:6 (NVI) - "Yo planté, Apolos regó, pero Dios ha dado el crecimiento."

Respuestas correctas:
- 1. b) 2. a) 3. b). 4. b). 5.b). 6. b) 7. b) 8. b). 9. b) 10. a)

Aportes finales:

Adaptabilidad y Personalización (9.2.1.1): La adaptabilidad es esencial en el modelo ecléctico, ya que reconoce que cada persona es única, con experiencias y necesidades individuales.
- La personalización de la intervención implica que el consejero no aplica un enfoque "talla única" a todos los aconsejados, sino que adapta cuidadosamente las estrategias terapéuticas para abordar los desafíos específicos que enfrenta cada individuo.
- Esto resuena con el principio bíblico de que Dios conoce a cada uno de nosotros de manera íntima y personal, como se menciona en Jeremías 1:5 (NVI): "Antes de formarte en el vientre, ya te había elegido; antes de que nacieras, ya te había apartado".

Amplia Gama de Técnicas (9.2.1.2): La disponibilidad de una amplia gama de técnicas y estrategias terapéuticas en el modelo ecléctico es una fortaleza significativa.
- Esto asegura que el consejero tenga un conjunto diverso de herramientas para abordar diferentes desafíos. La variabilidad en las técnicas terapéuticas se alinea con el principio bíblico de que Dios tiene múltiples maneras de trabajar en la vida de las personas y puede utilizar diferentes métodos para llevar a cabo su propósito, como se refleja en 1 Corintios 12:4-6 (NVI): "Ahora bien, hay diferentes dones, pero un mismo Espíritu.
- Hay diferentes ministerios, pero un mismo Señor. Hay diferentes maneras de servir, pero un mismo Dios".

Integración de Principios Bíblicos (9.2.1.3): La integración de principios bíblicos en la consejería ecléctica es un recordatorio constante de que la sabiduría y la guía espiritual de la Biblia deben ser fundamentales en el proceso de consejería.
- Esto asegura que las intervenciones terapéuticas estén alineadas con los valores y creencias cristianas, lo que puede brindar una base sólida para la sanación y el crecimiento espiritual.

- Proverbios 3:6 (NVI) nos insta a reconocer a Dios en todos nuestros caminos, y esto incluye el proceso de consejería: "Reconócelo en todos tus caminos, y él allanará tus sendas".

Versatilidad Terapéutica (9.2.2.1): La versatilidad terapéutica promovida por el modelo ecléctico es un reflejo de la diversidad y creatividad de Dios en la sanación y la restauración de las personas.
- Esto permite que las personas sean tratadas de manera integral, abordando no solo los aspectos emocionales y psicológicos, sino también los espirituales.
- La versatilidad terapéutica resuena con el principio bíblico de que Dios utiliza diversos enfoques para trabajar en nuestras vidas según nuestras necesidades y circunstancias individuales, como se ve en 2 Corintios 1:3-4 (NVI): "Dios es el Padre de compasión y el Dios de todo consuelo, quien nos consuela en todas nuestras tribulaciones".

En resumen, los aportes finales destacan la importancia de la adaptabilidad, la personalización, la integración de principios bíblicos, la versatilidad terapéutica y cómo estos principios se alinean con los valores cristianos y las enseñanzas de la Biblia en el contexto de la consejería ecléctica. Estos elementos permiten una consejería más efectiva y centrada en la persona.

ENSAYO:

El Modelo Ecléctico en la Consejería Cristiana

El término "ecléctico" tiene su origen en la antigua Grecia y proviene de la palabra griega "eklektikos", que significa "escoger" o "elegir".
- El enfoque ecléctico se basa en la idea de seleccionar y combinar lo mejor de diversas fuentes o sistemas para crear un conjunto más completo y efectivo.
- En la consejería cristiana, el modelo ecléctico ha evolucionado a lo largo de la historia y se ha convertido en una herramienta valiosa para abordar las necesidades individuales de los aconsejados.

Origen del Término

El término "ecléctico" en el contexto de la consejería tiene sus raíces en la filosofía y la psicología del siglo XIX.

- Fue durante este período que los terapeutas comenzaron a darse cuenta de que ningún enfoque único podía resolver todos los problemas emocionales y psicológicos de las personas.
- La diversidad de las experiencias humanas requería un enfoque más flexible y adaptable.

Desarrollo Histórico del Modelo

El desarrollo histórico del modelo ecléctico en la consejería se puede rastrear hasta figuras influyentes como Sigmund Freud, Carl Rogers y Albert Ellis.

- Cada uno de estos psicólogos tenía enfoques terapéuticos distintos: Freud con el psicoanálisis, Rogers con la terapia centrada en el cliente y Ellis con la terapia racional emotiva.
- A medida que se desarrollaban estas teorías, los consejeros comenzaron a darse cuenta de que ninguna de ellas era adecuada para abordar todos los problemas que enfrentaban sus clientes.

En la década de 1950, el movimiento de la psicoterapia integradora comenzó a tomar forma. Los terapeutas comenzaron a combinar elementos de diferentes enfoques terapéuticos para adaptarse a las necesidades individuales de sus clientes.

- Esta evolución condujo al desarrollo del modelo ecléctico en la consejería, que se basa en la idea de que no existe un enfoque único que funcione para todos y que es esencial adaptarse a las necesidades de cada persona.

Planteamiento Teórico y Fundamentos Prácticos

El modelo ecléctico en la consejería se basa en varios principios teóricos y fundamentos prácticos:

Adaptabilidad a las Necesidades Individuales

El enfoque principal del modelo ecléctico es la adaptabilidad a las necesidades únicas de cada consejado.

- Reconoce que cada individuo es único y enfrenta desafíos diferentes, por lo que no existe un enfoque terapéutico universalmente aplicable.
- En lugar de adherirse a un solo modelo, el consejero tiene la libertad de seleccionar y combinar elementos de diferentes enfoques según lo que sea más efectivo para el aconsejado.

Personalización de la Intervención

La personalización de la intervención implica que el consejero ajusta la terapia para satisfacer las necesidades y metas específicas del aconsejado.

- No se trata de un enfoque "talla única", sino de adaptar las técnicas y estrategias terapéuticas para abordar los problemas de manera individualizada.

Amplia Gama de Técnicas Disponibles

En el modelo ecléctico, el consejero tiene acceso a una amplia gama de técnicas y estrategias terapéuticas.

- Puede utilizar herramientas de modelos cognitivo-conductuales, sistémico-familiares, nouéticos y más, según sea necesario.
- Esto garantiza que se pueda abordar una variedad de problemas y desafíos.

Integración de Principios Bíblicos

A pesar de su flexibilidad, el modelo ecléctico también se basa en principios bíblicos. Se reconoce la importancia de la guía espiritual en la consejería cristiana, y se integran las Escrituras para proporcionar orientación y apoyo desde una perspectiva espiritual.

Énfasis en el Proceso Colaborativo

El enfoque ecléctico fomenta un proceso colaborativo entre el consejero y el aconsejado.

- Ambos trabajan juntos para identificar las mejores estrategias y técnicas para abordar los desafíos específicos.
- Esta colaboración refleja la idea bíblica de la importancia de la comunidad y el apoyo mutuo en la consejería.

Ventajas y Desventajas del Modelo Ecléctico

Ventajas

Adaptabilidad: El modelo ecléctico se adapta a las necesidades individuales de los aconsejados, lo que aumenta la efectividad de la consejería.

Personalización: Permite una intervención personalizada, abordando los problemas de manera específica para cada persona.

Amplia Gama de Técnicas: Ofrece una variedad de herramientas terapéuticas para abordar diferentes desafíos.

Integración de Principios Bíblicos: Alinea la consejería con valores cristianos y proporciona orientación espiritual.

Énfasis en la Colaboración: Fomenta una relación de colaboración entre el consejero y el aconsejado, lo que fortalece el proceso de sanación.

Desventajas

Complejidad: La selección y combinación de enfoques terapéuticos puede ser compleja y requerir un alto nivel de experiencia por parte del consejero.

Falta de Estructura Clara: Puede carecer de una estructura terapéutica clara en comparación con modelos más específicos.

Tiempo y Recursos: Requiere tiempo y recursos adicionales para evaluar y seleccionar las técnicas adecuadas.

Aplicación en la Consejería Cristiana

La aplicación del Modelo Ecléctico en la Consejería Cristiana es un enfoque que combina diversos elementos de diferentes modelos y enfoques terapéuticos, al tiempo que integra principios bíblicos y espirituales para ayudar a las personas a abordar sus desafíos emocionales, psicológicos y espirituales.

Aquí se detalla cómo se aplica este modelo en la consejería cristiana:

Evaluación Integral: El proceso comienza con una evaluación exhaustiva del aconsejado.
- El consejero busca comprender la historia personal, la fe y las creencias religiosas del individuo, así como sus desafíos actuales y metas personales.
- Esto se hace para obtener una imagen clara de las necesidades del aconsejado y personalizar la intervención.

Selección de Técnicas y Enfoques: Con base en la evaluación, el consejero selecciona técnicas y enfoques terapéuticos específicos que se adapten a las necesidades únicas del aconsejado.
- Puede combinar elementos de modelos cognitivo-conductuales, sistémico-familiares, noutéticos y otros, según lo que sea más efectivo.

Integración de Principios Bíblicos: A lo largo de la consejería, se integran principios bíblicos y enseñanzas espirituales relevantes.
- Se utilizan las Escrituras para proporcionar orientación, apoyo y perspectivas espirituales en el proceso de consejería.

Planificación Individualizada: Se desarrolla un plan de consejería estratégico que incluye la selección de técnicas terapéuticas, la integración de principios bíblicos y un cronograma para el progreso.
- Este plan es flexible y se ajusta según sea necesario durante la consejería.

Proceso Colaborativo: La consejería se basa en una colaboración estrecha entre el consejero y el aconsejado.

- Ambos trabajan juntos para identificar las mejores estrategias y técnicas para abordar los desafíos específicos, reflejando la idea bíblica de apoyo mutuo y comunidad.

Evaluación Continua: Se realiza una evaluación continua de la efectividad de las técnicas y enfoques utilizados.
- Si una técnica no está produciendo resultados positivos, se ajusta y adapta según sea necesario.

Consideración Espiritual: Para aquellos que valoran su fe cristiana, se incorporan elementos espirituales como la oración, la lectura de las Escrituras y la reflexión espiritual como parte de la consejería.

Ventajas del Modelo Ecléctico en la Consejería Cristiana:

Personalización: Se adapta a las necesidades individuales de cada persona, lo que aumenta la efectividad de la consejería.

Amplia Gama de Técnicas: Permite al consejero acceder a una variedad de técnicas terapéuticas para abordar diversos desafíos.

Integración Espiritual: Combina la sabiduría espiritual de la Biblia con la psicología para abordar tanto los aspectos espirituales como los psicológicos de los problemas.

Flexibilidad: Permite ajustar la intervención a medida que cambian las necesidades del aconsejado.

Desventajas del Modelo Ecléctico en la Consejería Cristiana:

Complejidad: Requiere un consejero bien capacitado y con experiencia para seleccionar y combinar efectivamente los enfoques y técnicas.

Potencial de Confusión: Si no se utiliza adecuadamente, la combinación de múltiples enfoques puede causar confusión para el aconsejado.

Tiempo y Recursos: La selección y adaptación de técnicas puede requerir más tiempo y recursos que un enfoque terapéutico único.

En resumen, la aplicación del Modelo Ecléctico en la Consejería Cristiana busca proporcionar una intervención altamente personalizada y efectiva que combine lo mejor de la psicología y la espiritualidad cristiana para abordar los desafíos emocionales, psicológicos y espirituales de las personas.

- La clave está en la adaptabilidad y la integración de principios bíblicos en el proceso de consejería.

SECCIÓN 9.3: APLICACIÓN DEL MODELO ECLÉCTICO EN LA CONSEJERÍA CRISTIANA

Cuestionario para evaluar el aprendizaje sobre la aplicación del Modelo Ecléctico en la Consejería Cristiana.

1. ¿Cuál es el enfoque principal de la consejería ecléctica?

a) Imponer un modelo terapéutico único para todos.

b) Adaptarse a las necesidades individuales de cada aconsejado.

c) Ignorar las creencias religiosas del aconsejado.

2. ¿Qué implica la personalización de la intervención en la consejería ecléctica?

a) Utilizar el mismo enfoque para todos los aconsejados.

b) Adaptar las técnicas y estrategias terapéuticas para cada persona.

c) Aplicar solo técnicas espirituales en la consejería.

3. ¿Qué ventaja ofrece el modelo ecléctico en la selección de técnicas terapéuticas?

a) Limita las opciones de técnicas terapéuticas disponibles.

b) Proporciona una amplia gama de técnicas de diferentes enfoques.

c) No permite la integración de principios bíblicos.

4. ¿Por qué es importante considerar la fe y la espiritualidad en la evaluación en la consejería ecléctica?

a) Porque la fe no tiene relevancia en la consejería.

b) Porque la fe y las creencias religiosas pueden influir en los desafíos y metas del aconsejado.

c) Porque la espiritualidad es un tema tabú en la consejería.

5. ¿Qué papel desempeña la evaluación en la consejería ecléctica?

a) No es necesaria en este modelo.

b) Ayuda al consejero a obtener una comprensión completa del aconsejado.

c) Solo se enfoca en los problemas emocionales del aconsejado.

6. ¿Qué versículo bíblico respalda la importancia de la evaluación y la planificación en la consejería ecléctica?

    a) Proverbios 19:20 (NVI).

    b) 1 Corintios 3:6 (NVI).

    c) Jeremías 29:11 (NVI).

7. ¿Qué se enfatiza en la selección de enfoques y técnicas en la consejería ecléctica?

    a) Utilizar solo un enfoque terapéutico para todos los aconsejados.

    b) Personalizar la intervención y adaptarla a las necesidades individuales.

    c) Ignorar por completo las creencias religiosas del aconsejado.

8. ¿Por qué se utilizan casos de estudio en la consejería ecléctica?

    a) Para demostrar que solo un enfoque terapéutico es efectivo.

    b) Para ilustrar cómo se aplican enfoques eclécticos en situaciones del mundo real.

    c) Para establecer reglas rígidas en la consejería.

9. ¿Cuál es uno de los aportes de la consejería ecléctica en la selección de enfoques?

    a) La falta de adaptabilidad a las necesidades individuales.

    b) La posibilidad de incorporar elementos espirituales y principios bíblicos.

    c) La aplicación de un enfoque único para todos los aconsejados.

10. ¿Qué versículo bíblico respalda la idea de adaptabilidad en la consejería ecléctica?

    a) 1 Corintios 9:22b (NVI).

    b) Proverbios 24:6 (NVI).

    c) Proverbios 16:3 (NVI).

Respuestas correctas:

- 1. b)　2. a)　3. b).　4. b).　5.b).　6. c)　7. b)　8. b).　9. b)　10. a)

Aportes Finales.

Evaluación y Planificación Individualizada:

Comprensión Integral del aconsejado: En la consejería ecléctica, se valora la comprensión completa del aconsejado.
- Esto incluye su historia, antecedentes, creencias religiosas, desafíos actuales y metas personales.
- La evaluación exhaustiva permite al consejero obtener una imagen clara de las necesidades del individuo.

Selección de Técnicas y Enfoques Personalizados: Una vez que se ha realizado una evaluación completa, se puede seleccionar una combinación de técnicas y enfoques terapéuticos que se adapten a las necesidades específicas del aconsejado.
- Esto garantiza que la consejería sea altamente personalizada y efectiva.

Consideración de la Fe y la Espiritualidad: La evaluación incluye la consideración de la fe y la espiritualidad del aconsejado.
- Esto implica comprender cómo la fe cristiana y las creencias religiosas pueden influir en los desafíos y las metas de la persona.

Establecimiento de Metas Claras: Después de la evaluación, se colabora con el aconsejado para establecer metas claras y alcanzables.
- Estas metas reflejan tanto las necesidades emocionales y psicológicas como las metas espirituales.

Planificación Estratégica: Se desarrolla un plan de consejería estratégico que incluye la selección de técnicas terapéuticas específicas, la integración de principios bíblicos relevantes y un cronograma para el progreso.
- Este plan es flexible y se ajusta según sea necesario durante el proceso de consejería.

Selección de Enfoques y Técnicas:

En conclusión, la selección de enfoques y técnicas en la aplicación del Modelo Ecléctico en la Consejería Cristiana es un proceso fundamental y altamente personalizado.

- Este enfoque reconoce que no existe una única solución para todos, por lo que permite al consejero combinar elementos de diversos modelos terapéuticos para adaptarse a las necesidades individuales de cada aconsejado.

La versatilidad terapéutica es una de las principales ventajas de este enfoque, ya que brinda al consejero la capacidad de elegir las herramientas más adecuadas para abordar una amplia gama de desafíos emocionales, psicológicos y espirituales.

- Además, se enfoca en el enriquecimiento holístico de la persona, considerando aspectos físicos, emocionales, mentales y espirituales en la búsqueda de la sanación y el crecimiento.

Los casos de estudio ilustrativos son valiosos recursos para comprender cómo se aplican los enfoques eclécticos en situaciones del mundo real.

- Estos ejemplos demuestran cómo el consejero puede combinar técnicas terapéuticas de manera efectiva para abordar los desafíos específicos de cada individuo.

La evaluación continua de la efectividad de las técnicas utilizadas es esencial para garantizar que la consejería esté teniendo un impacto positivo en la vida del aconsejado.

- La adaptación y el ajuste son parte integral de este proceso, lo que refleja la flexibilidad inherente al Modelo Ecléctico.

Finalmente, la integración de principios bíblicos y espirituales en la selección de enfoques y técnicas brinda una dimensión adicional a la consejería, permitiendo que la fe cristiana desempeñe un papel significativo en el proceso de sanación y crecimiento.

En resumen, la selección de enfoques y técnicas dentro del Modelo Ecléctico en la Consejería Cristiana es un proceso dinámico que busca la sanación integral y la restauración a través de la sabiduría psicológica y espiritual.

PUEBAS Y CUESTIONARIOS:

A continuación, te proporcionaré tres ejemplos de pruebas prácticas o cuestionarios que podrían aplicarse en la intervención a pacientes bajo el Modelo Ecléctico en la Consejería Cristiana. Estos cuestionarios están diseñados para evaluar diversos aspectos, como las necesidades del paciente, su bienestar emocional y su progreso en el proceso de consejería.

- Es importante recordar que estos cuestionarios son solo ejemplos y pueden personalizarse según las necesidades específicas de cada paciente y consejero.

Cuestionario de Evaluación Inicial: Necesidades y Metas

Este cuestionario se utiliza al comienzo del proceso de consejería para comprender las necesidades y metas del paciente de manera más completa. Ayuda al consejero a adaptar la intervención a las necesidades específicas del paciente.

Nombre del paciente: _____

Edad: _____

Sexo: _____

Estado civil: _____

¿Cuáles son las razones principales por las que busca consejería en este momento? (Puede enumerar varias)

¿Cuáles son sus metas y expectativas para la consejería?

¿Ha recibido consejería previamente? En caso afirmativo, ¿qué tipo de enfoque se utilizó y cuál fue su experiencia?

¿Tiene creencias religiosas o espiritualidad? En caso afirmativo, ¿cómo le gustaría que se integren en el proceso de consejería?

Cuestionario de Seguimiento del Bienestar Emocional

Este cuestionario se utiliza de manera periódica para evaluar el bienestar emocional del paciente y su progreso en la consejería.

Nombre del paciente: _____

Fecha de la sesión: _____

En una escala del 1 al 10, ¿cómo calificaría su nivel de bienestar emocional en este momento, siendo 1 muy bajo y 10 muy alto?

Calificación: _____

¿Ha experimentado cambios significativos en su bienestar emocional desde la última sesión? Si es así, descríbalos.

¿Ha utilizado las estrategias y técnicas aprendidas en las sesiones anteriores para gestionar sus emociones? Por favor, proporcione ejemplos.

¿Hay algún desafío específico o situación que le gustaría abordar en la próxima sesión?

Cuestionario de Evaluación de la Intervención Ecléctica

Este cuestionario se aplica al final de la consejería para evaluar la satisfacción del paciente con la intervención ecléctica y su percepción de los resultados.

Nombre del paciente: _____

Fecha de la última sesión: _____

¿Se sintió cómodo y respetado durante las sesiones de consejería?

Sí

No

En parte

¿Siente que sus necesidades y metas fueron abordadas adecuadamente en el proceso de consejería?
Sí
No
En parte

¿Ha experimentado mejoras en su bienestar emocional y/o espiritual como resultado de la consejería?
Sí
No
En parte

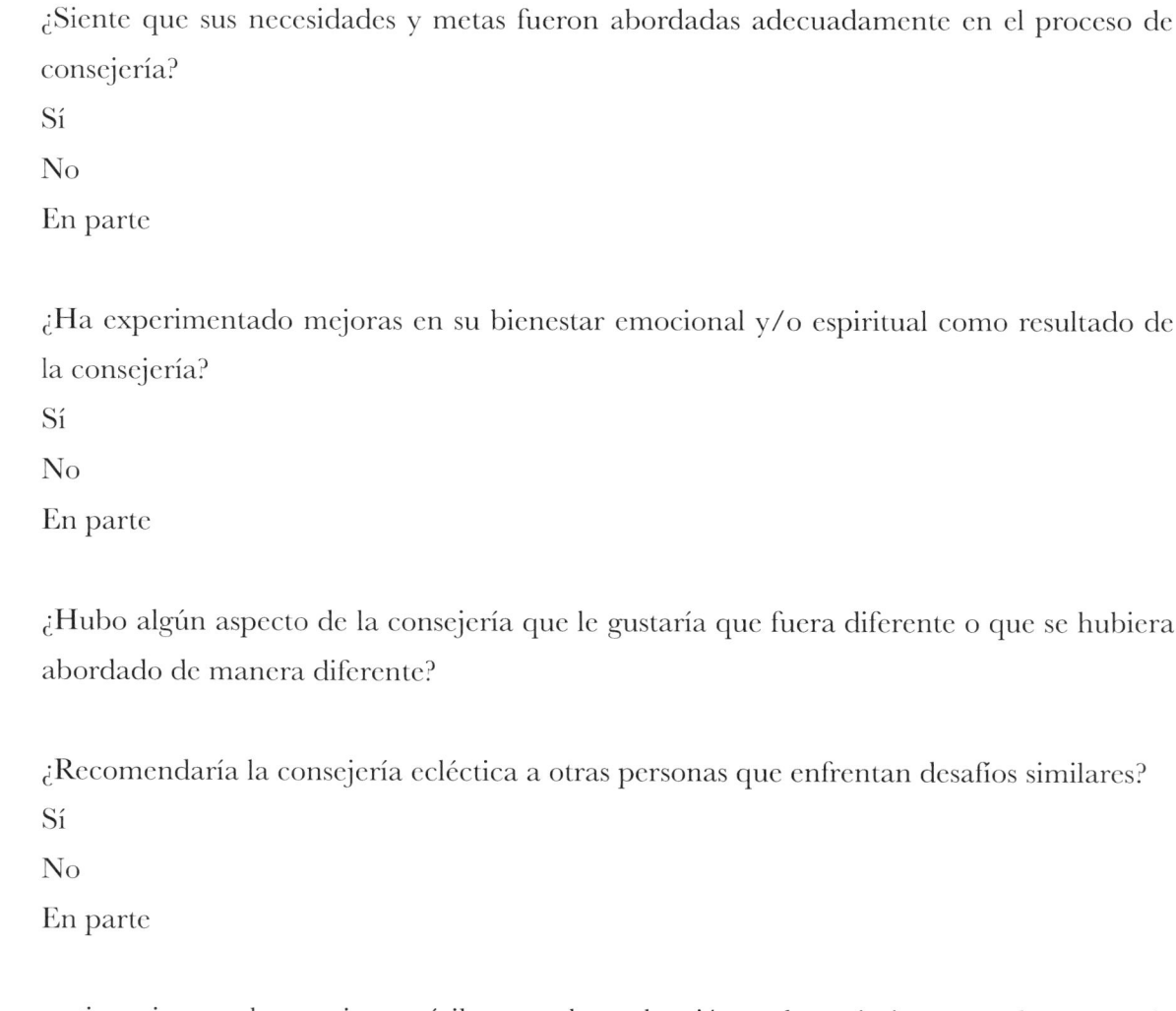

¿Hubo algún aspecto de la consejería que le gustaría que fuera diferente o que se hubiera abordado de manera diferente?

¿Recomendaría la consejería ecléctica a otras personas que enfrentan desafíos similares?
Sí
No
En parte

Estos cuestionarios son herramientas útiles para la evaluación y el seguimiento en el proceso de consejería bajo el Modelo Ecléctico en la Consejería Cristiana.
- Sin embargo, es esencial adaptarlos a las necesidades específicas de cada paciente y ajustar las preguntas según el contexto y los objetivos de la consejería.

MÓDULO 10:
EL USO DE PRUEBAS, TESTS Y OTROS RECURSOS EN LA INTERVENCIÓN

SECCIÓN 10.1: INTRODUCCIÓN AL USO DE PRUEBAS Y TESTS

Cuestionario sobre "Introducción al Uso de Pruebas y Tests en la Consejería Cristiana"

1. ¿Cuál es el propósito principal de utilizar pruebas y tests en la consejería cristiana?

a) Identificar problemas subyacentes.

b) Comprobar la fe del aconsejado.

c) Establecer culpabilidad.

2. ¿Qué aspectos pueden abordar las pruebas y tests en la evaluación integral de un aconsejado?

a) Aspectos emocionales, cognitivos y espirituales.

b) Aspectos financieros y laborales.

c) Aspectos familiares y sociales.

3. ¿Por qué es importante personalizar la consejería utilizando pruebas?

a) Porque permite mantener el anonimato del aconsejado.

b) Porque cada persona tiene necesidades únicas.

c) Porque se pueden usar los resultados para criticar al aconsejado.

4. ¿Qué papel desempeñan las pruebas en la medición del progreso en la consejería cristiana?

a) Ayudan a mantener registros financieros.

b) Permiten rastrear cambios en el bienestar emocional y espiritual.

c) Evalúan la asistencia regular a la iglesia.

5. ¿Cómo pueden las pruebas facilitar el diálogo y la reflexión en la consejería?

a) Al proporcionar respuestas absolutas.

b) Al hacer que el aconsejado se sienta incómodo.

c) Al llevar al aconsejado a considerar sus pensamientos y sentimientos más profundamente.

6. ¿Qué versículo bíblico enfatiza la importancia de adquirir sabiduría e inteligencia?

a) Proverbios 4:7 (NVI).
b) Éxodo 20:3 (NVI).
c) Salmos 119:105 (NVI).

7. ¿Qué enseñanza podemos extraer del versículo Proverbios 4:7 en relación con el uso de pruebas en la consejería cristiana?

a) La importancia de ignorar la sabiduría.
b) La relevancia de buscar la verdad a través de la inteligencia.
c) La necesidad de no cuestionar nada.

8. ¿Cuál de los siguientes no es un beneficio del uso de pruebas en la consejería cristiana?

a) Identificación de problemas subyacentes.
b) Promoción de la fe ciega en Dios.
c) Medición del progreso a lo largo del tiempo.

9. ¿Cuál es uno de los aspectos que pueden abordar las pruebas en la evaluación integral?

a) Aspectos económicos.
b) Aspectos políticos.
c) Aspectos espirituales.

10. ¿Cómo pueden las pruebas facilitar el diálogo en la consejería?

a) Haciendo que el aconsejado se sienta juzgado.
b) Proporcionando respuestas definitivas sin posibilidad de discusión.
c) Haciendo que el aconsejado reflexione sobre sus pensamientos y sentimientos.

Respuestas correctas:
- 1. a)   2. a)   3. b).   4. b).   5.c).   6. a)   7. b)   8. b).   9. c)   10. c)

Aportes Finales:

Utilidad de las Pruebas en la Consejería:

Las pruebas en la consejería cristiana pueden funcionar como herramientas objetivas que ayudan a identificar áreas de preocupación y necesidad en la vida espiritual y emocional de los aconsejados.

- Estas herramientas pueden proporcionar una visión más clara de los desafíos que enfrenta una persona, lo que facilita la orientación adecuada por parte del consejero.
- Además, las pruebas pueden ayudar a los consejeros a priorizar sus esfuerzos, centrándose en las áreas que requieren atención más inmediata.
- Esto puede ser especialmente útil en situaciones de crisis o cuando el aconsejado se siente abrumado por múltiples problemas.

Énfasis en la Individualidad:

La Biblia reconoce la singularidad de cada individuo y su relación única con Dios.

- En la consejería cristiana, es fundamental recordar que no existe un enfoque único que funcione para todos.
- Cada persona tiene una historia, experiencias y necesidades particulares.
- Por lo tanto, los consejeros deben adaptar sus estrategias y enfoques para satisfacer las necesidades específicas de cada aconsejado.
- Esto implica escuchar activamente, mostrar empatía y ser sensibles a las creencias y valores individuales.
- La individualidad de cada persona es una parte esencial del proceso de consejería.

Seguimiento Continuo:

La consejería cristiana es un proceso que se desarrolla a lo largo del tiempo.

- Las pruebas periódicas pueden ser una herramienta valiosa para evaluar el progreso y los cambios en la vida del aconsejado.
- Esto permite a los consejeros realizar ajustes en sus estrategias según sea necesario.

- El seguimiento continuo también ayuda a mantener una conexión sólida entre el consejero y el aconsejado.
- A través de las pruebas, se pueden rastrear los avances espirituales y emocionales, lo que proporciona una base objetiva para las discusiones y la toma de decisiones futuras.

El Papel de la Reflexión:

La reflexión espiritual y emocional es una parte crucial del crecimiento en la fe y la madurez emocional.

- Las pruebas pueden estimular esta reflexión al hacer que el aconsejado considere preguntas específicas sobre sus pensamientos, sentimientos y creencias.
- Al reflexionar sobre los resultados de las pruebas, el aconsejado puede adquirir una mayor comprensión de sí mismo y de su relación con Dios.
- Esta introspección puede servir como punto de partida para conversaciones más profundas y significativas en la consejería.

Aplicación Responsable:

En la consejería cristiana, la ética y la responsabilidad son fundamentales.

- Los consejeros deben utilizar las pruebas de manera apropiada y respetar la confidencialidad de los resultados.
- Esto es esencial para mantener la confianza del aconsejado y la integridad del proceso de consejería.
- Además, los consejeros deben estar capacitados y actualizados en el uso de pruebas y evaluaciones.
- Esto garantiza que se utilicen de manera efectiva y se interpreten con precisión.
- La responsabilidad en la aplicación de pruebas contribuye a un proceso de consejería sólido y confiable.

SECCIÓN 10.2: IMPORTANCIA Y BENEFICIOS DEL USO DE PRUEBAS

Cuestionario sobre "Importancia y Beneficios del Uso de Pruebas"

1. ¿Cuál es uno de los principales beneficios de utilizar pruebas y tests en la consejería cristiana?

    a) Proporcionar consejos espirituales.

    b) Ofrecer una evaluación objetiva.

    c) Medir la fe del aconsejado.

2. ¿Por qué es importante la evaluación objetiva en la consejería cristiana?

    a) Porque evita que el aconsejado hable de sus emociones.

    b) Porque las pruebas pueden recopilar información de manera imparcial.

    c) Porque permite que el consejero tome decisiones sin la participación del aconsejado.

3. ¿Qué puede revelar una prueba de depresión que el aconsejado puede no haber reconocido conscientemente?

    a) Síntomas depresivos.

    b) Niveles de fe.

    c) Habilidades de comunicación.

4. ¿Qué beneficio se obtiene al establecer objetivos medibles a través de las pruebas?

    a) Ayuda a mantener la confidencialidad.

    b) Brinda claridad sobre lo que se espera lograr.

    c) Aumenta la fe del aconsejado.

5. ¿Cuál es uno de los roles clave de las pruebas en el proceso de consejería cristiana?

    a) Hacer que el aconsejado se sienta incómodo.

b) Facilitar la comunicación en la consejería.

c) Sustituir por completo la interacción personal en la consejería.

6. ¿Qué versículo bíblico respalda la importancia de adquirir conocimiento y sabiduría?

a) Proverbios 18:15 (NVI).

b) Salmos 119:105 (NVI).

c) 1 Tesalonicenses 5:21 (NVI).

7. ¿Cómo se relaciona el versículo Proverbios 18:15 con el uso de pruebas en la consejería cristiana?

a) Destaca la importancia de mantener la ignorancia.

b) Enfatiza la búsqueda activa de conocimiento.

c) Aboga por evitar cualquier forma de evaluación.

8. ¿Qué papel desempeñan las pruebas en la identificación de áreas específicas de enfoque en la consejería?

a) Ayudan a ocultar los problemas del aconsejado.

b) Proporcionan una guía definitiva para la consejería.

c) Facilitan la identificación de áreas problemáticas para enfocarse en ellas.

9. ¿Cómo pueden los resultados de las pruebas informar el diseño de planes de consejería personalizados?

a) Al proporcionar una solución única para todos los casos.

b) Al ayudar a comprender las necesidades y desafíos específicos del aconsejado.

c) Al establecer objetivos amplios y generales.

10. ¿Por qué es esencial el monitoreo del progreso a lo largo de la consejería cristiana?

a) Para asegurarse de que el aconsejado no esté haciendo ningún progreso.

b) Para evaluar si las estrategias implementadas son efectivas y ajustarlas según sea necesario.

c) Para aumentar la duración de la consejería sin importar los resultados.

Respuestas correctas:
- 1. b)   2. b)   3. a).   4. b).   5.b).   6. a)   7. b)   8. c).   9. b)   10. b)

Aportes Finales:

Apoyo a la Evaluación Objetiva:

Las pruebas y tests son herramientas esenciales que respaldan la evaluación objetiva en la consejería cristiana.

- A menudo, en situaciones de consejería, las emociones y los pensamientos pueden ser subjetivos y difíciles de medir.
- Las pruebas proporcionan una base sólida y cuantificable para evaluar la situación del aconsejado de manera imparcial.
- Esto es especialmente valioso en la consejería cristiana, donde se busca una comprensión profunda de los aspectos emocionales, cognitivos y espirituales de la persona.
- Al basar las evaluaciones en datos objetivos, se puede evitar el sesgo y se pueden tomar decisiones más informadas sobre el enfoque de consejería adecuado.

La Importancia de la Identificación de Áreas de Necesidad:

La identificación precisa de las áreas de necesidad es un paso crítico en el proceso de consejería cristiana.

- Las pruebas desempeñan un papel fundamental al revelar aspectos que el aconsejado puede no ser consciente o que pueden ser difíciles de comunicar.
- Esto permite al consejero dirigir su atención de manera específica hacia las preocupaciones reales del aconsejado.
- Por ejemplo, una prueba puede identificar la presencia de traumas pasados que el aconsejado no ha compartido previamente.
- Al abordar estas áreas de necesidad, se puede brindar una ayuda más efectiva y sanación espiritual.

El Valor de Establecer Objetivos Medibles:

Establecer objetivos medibles a través de las pruebas es esencial para guiar y motivar el proceso de consejería.

- Cuando se definen metas claras y específicas, tanto el consejero como el aconsejado tienen una comprensión precisa de lo que se espera lograr.
- Esto puede aumentar la efectividad de la consejería, ya que proporciona un sentido de dirección y propósito.
- Además, la capacidad de medir el progreso hacia estos objetivos proporciona un incentivo adicional para el aconsejado y un medio para evaluar el éxito de las intervenciones.

El Seguimiento del Progreso como Herramienta de Mejora:

El monitoreo del progreso a lo largo de la consejería es esencial para garantizar que las estrategias implementadas sean efectivas y para realizar ajustes cuando sea necesario.

- Las pruebas permiten evaluar el impacto de las intervenciones de manera objetiva.
- Si los resultados de las pruebas indican que ciertas áreas no están mejorando o incluso empeoran, esto alerta al consejero de que se deben realizar cambios en el enfoque.
- Esta capacidad de adaptación continua garantiza que la consejería sea relevante y eficaz a lo largo del tiempo.

La Importancia de la Fe y la Sabiduría Bíblica:

La consejería cristiana se basa en principios bíblicos y busca el crecimiento espiritual y emocional de la persona.

- Los versículos bíblicos, como Proverbios 18:15 y Filipenses 3:13-14, enfatizan la búsqueda de sabiduría, conocimiento y progreso en la fe.
- El uso de pruebas y evaluaciones en la consejería no es incompatible con estos principios, sino que complementa la búsqueda de la verdad y el crecimiento espiritual.
- Proporciona una herramienta adicional para adquirir sabiduría y guiar la consejería de manera efectiva, en línea con los valores y enseñanzas bíblicas.

Estos aportes subrayan la importancia de utilizar pruebas de manera ética y responsable en la consejería cristiana para enriquecer el proceso de ayuda y orientación espiritual.

- Las pruebas no reemplazan la importancia de la compasión, la empatía y la fe, pero pueden ser herramientas valiosas para mejorar la calidad y la eficacia de la consejería.

ALGUNAS PRUEBAS:

Aquí te presento cinco pruebas que pueden aplicarse en la intervención terapéutica, junto con su propósito y cuándo se aplican al paciente:

Escala de Depresión de Beck (BDI-II):

Propósito: La BDI-II se utiliza para evaluar la gravedad de los síntomas de la depresión en un paciente. Puede ayudar a determinar si alguien está experimentando una depresión leve, moderada o grave.

Aplicación: Se aplica cuando se sospecha que un paciente puede estar lidiando con la depresión, como parte de la evaluación inicial y para monitorear el progreso a lo largo de la terapia.

Inventario de Ansiedad de Beck (BAI):

Propósito: El BAI se utiliza para medir la gravedad de la ansiedad en un paciente. Ayuda a identificar los síntomas de la ansiedad, como la preocupación excesiva, la tensión y el miedo.

Aplicación: Se aplica cuando se sospecha que un paciente está experimentando síntomas de ansiedad significativos. Se puede utilizar tanto al inicio de la terapia como en el seguimiento para evaluar el progreso.

Cuestionario de Evaluación de Estrés (PSS-10):

Propósito: El PSS-10 evalúa el nivel percibido de estrés en un paciente. Mide la percepción subjetiva del estrés en la vida cotidiana.

Aplicación: Se utiliza para comprender cómo el estrés está afectando la vida del paciente y cómo está relacionado con sus síntomas. Puede aplicarse en diferentes momentos durante la terapia para evaluar cambios en la percepción del estrés.

Inventario de Personalidad de Minnesota (MMPI-2):

Propósito: El MMPI-2 es una prueba de evaluación de la personalidad que ayuda a identificar patrones de pensamiento, emoción y comportamiento en un paciente. Se utiliza para el diagnóstico y la planificación de tratamiento.

Aplicación: Se aplica en la etapa inicial de la terapia, especialmente cuando se sospecha la presencia de trastornos de la personalidad o condiciones psicológicas complejas. Puede ayudar a proporcionar una imagen más completa de la personalidad del paciente.

Inventario de Habilidades Sociales (ISS):

Propósito: El ISS evalúa las habilidades sociales y la competencia interpersonal de un paciente. Ayuda a identificar áreas donde el paciente puede necesitar mejorar sus habilidades sociales.

Aplicación: Se aplica cuando se trabaja en el desarrollo de habilidades sociales, la comunicación efectiva o la mejora de las relaciones interpersonales durante la terapia. Puede ser útil en el proceso de desarrollo de estrategias de afrontamiento.

Es importante destacar que estas pruebas deben administrarse por profesionales de la salud mental capacitados y no deben utilizarse como únicas herramientas de diagnóstico.

- Su aplicación se adapta a las necesidades y objetivos específicos de la terapia y se utiliza para complementar la evaluación clínica y el proceso terapéutico en general.

SECCIÓN 10.3: TIPOS DE PRUEBAS Y RECURSOS UTILIZADOS

Cuestionario: Tipos de Pruebas y Recursos Utilizados en la Consejería Cristiana

1. ¿Cuál es el enfoque principal de las pruebas de evaluación emocional?

a) Medir la fe del aconsejado

b) Evaluar estados emocionales como la ansiedad y la depresión

c) Evaluar la salud física del aconsejado

2. ¿Qué tipo de pruebas incluye el Inventario de Depresión de Beck (BDI)?

a) Pruebas de habilidades de afrontamiento

b) Pruebas de bienestar espiritual

c) Pruebas de evaluación emocional

3. ¿Por qué son esenciales las pruebas de evaluación emocional en la consejería cristiana?

a) Para medir la fe del aconsejado

b) Para proporcionar una medición objetiva de estados emocionales

c) Para evaluar la cantidad de amigos del aconsejado

4. ¿Qué beneficio clave proporcionan las pruebas de evaluación emocional?

a) Identificar problemas físicos

b) Identificar problemas emocionales subyacentes

c) Ignorar las emociones del aconsejado

5. ¿Por qué es importante el seguimiento del progreso emocional a lo largo de la consejería?

a) Para demostrar que el consejero es experto

b) Para evaluar si las estrategias de intervención están funcionando

c) No es importante en absoluto

6. ¿Cuál es uno de los ejemplos mencionados de una prueba de evaluación de fortalezas espirituales?

    a) Inventario de Estrategias de Afrontamiento de Lazarus (CSI)

    b) Inventario de Experiencias Religiosas (I.E.R.)

    c) Inventario de Depresión de Beck (BDI)

7. ¿Qué aspecto de la vida del aconsejado se explora con las pruebas de evaluación de fortalezas espirituales?

    a) La religiosidad del consejero

    b) La relación con la fe y el bienestar espiritual

    c) La cantidad de estrés experimentado por el aconsejado

8. ¿Cuál es uno de los beneficios de evaluar las habilidades de afrontamiento?

    a) Identificar estrategias ineficaces o perjudiciales

    b) Evaluar el nivel de felicidad del aconsejado

    c) Medir la fe del aconsejado

9. ¿Por qué es importante el desarrollo de estrategias de afrontamiento saludables?

    a) Para mantener el estrés en niveles elevados

    b) Para prevenir problemas futuros y enfrentar desafíos con confianza

    c) No es necesario desarrollar estrategias de afrontamiento

10. ¿Cuál es uno de los versículos bíblicos que respaldan la evaluación de habilidades de afrontamiento?

    a) Isaías 41:10 (NVI)

    b) Lucas 2:11 (NVI)

    c) Efesios 4:32 (NVI)

Respuestas correctas:
- 1. b)   2. c)   3. b).   4. b).   5. b).   6. b)   7. b)   8. a).   9. b)   10. a)

Aportes Finales:
- Las pruebas de evaluación emocional son esenciales en la consejería cristiana para comprender y abordar los estados emocionales del aconsejado de manera efectiva.
- La evaluación de fortalezas espirituales permite una exploración más profunda de la fe y el bienestar espiritual del individuo, lo que es fundamental en la consejería cristiana.
- Evaluar las habilidades de afrontamiento es crucial para ayudar al aconsejado a enfrentar desafíos y manejar el estrés de manera saludable.
- La identificación de estrategias ineficaces y el desarrollo de estrategias de afrontamiento saludables pueden prevenir problemas futuros y promover el crecimiento personal y espiritual.
- Los versículos bíblicos mencionados respaldan la importancia de la autoevaluación, la búsqueda de una comprensión profunda de uno mismo y la ayuda divina en momentos de dificultad, aspectos relevantes en la consejería cristiana.

A continuación, te presento un ejemplo de intervención terapéutica en la que se aplican pruebas a un paciente.

En este caso, se utilizarán tres tipos de pruebas diferentes y se explicará su propósito y evaluación:

Ejemplo de Intervención Terapéutica:

Paciente: María es una mujer de 35 años que ha estado experimentando síntomas de ansiedad y depresión desde hace varios meses. Ha notado cambios en su estado de ánimo, dificultades para dormir y preocupaciones excesivas sobre su trabajo y relaciones personales.

Terapeuta: Juan es un consejero cristiano que trabaja con María para abordar sus problemas emocionales y proporcionar apoyo espiritual.

Pruebas Utilizadas:

Inventario de Ansiedad de Beck (BAI): El terapeuta decide aplicar el Inventario de Ansiedad de Beck para evaluar la gravedad de la ansiedad que María está experimentando. El propósito de esta prueba es medir objetivamente su nivel de ansiedad y proporcionar una base cuantitativa para el tratamiento.

Inventario de Depresión de Beck (BDI): Para evaluar la depresión de María, se utiliza el Inventario de Depresión de Beck. El propósito es medir la gravedad de sus síntomas depresivos y ayudar al terapeuta a comprender mejor sus desafíos emocionales.

Escala de Bienestar Espiritual de Paloutzian y Ellison: Dado que María es una persona de fe, el terapeuta decide aplicar esta escala para evaluar su bienestar espiritual y su relación con Dios. El propósito es comprender cómo su fe está siendo afectada por sus problemas emocionales y cómo puede integrarse en su proceso de consejería.

Proceso de Evaluación:

Inventario de Ansiedad de Beck (BAI): María completa el cuestionario de ansiedad, que consta de una serie de preguntas relacionadas con sus síntomas de ansiedad. El terapeuta evalúa los resultados y descubre que María tiene una puntuación alta en la escala de ansiedad, lo que indica un nivel significativo de ansiedad.

Inventario de Depresión de Beck (BDI): María también completa el cuestionario de depresión, que incluye preguntas sobre sus síntomas depresivos. El terapeuta evalúa los resultados y nota que María muestra una puntuación elevada en la escala de depresión, indicando la presencia de síntomas depresivos.

Escala de Bienestar Espiritual: María responde a las preguntas relacionadas con su fe y bienestar espiritual. El terapeuta observa que su bienestar espiritual se ve afectado por sus problemas emocionales y que María está buscando una mayor conexión con Dios para ayudarla a sobrellevar su ansiedad y depresión.

Propósito de las Pruebas:
Las pruebas de ansiedad y depresión ayudan al terapeuta a comprender la gravedad de los síntomas emocionales de María, lo que permite establecer objetivos de tratamiento medibles y adaptar las estrategias de consejería según sea necesario.

La Escala de Bienestar Espiritual proporciona información sobre la dimensión espiritual de María y cómo puede integrarse en su proceso de consejería.
- Esto ayuda a abordar sus desafíos emocionales desde una perspectiva espiritual sólida.

En este ejemplo, las pruebas se utilizan para evaluar objetivamente los síntomas de María, comprender su bienestar espiritual y diseñar un plan de consejería personalizado que integre aspectos emocionales y espirituales.
- A lo largo del tratamiento, se realizarán evaluaciones periódicas para medir el progreso y adaptar las estrategias según sea necesario.

Un ejemplo de diálogo entre el consejero (Juan) y el aconsejado (María) cuando se propone la aplicación de pruebas y se explican sus beneficios para que María no presente resistencias:

Juan (Consejero): María, hemos estado trabajando juntos en tu consejería durante algunas sesiones, y me gustaría proponerte algo que creo que podría ser beneficioso para tu progreso. Estoy pensando en aplicar algunas pruebas que nos ayudarán a entender mejor tus emociones y tu bienestar espiritual. ¿Estás dispuesta a considerarlo?

María (Aconsejada): Bueno, estoy dispuesta a hacer lo que sea necesario para sentirme mejor, pero me preocupa un poco lo de las pruebas. ¿Por qué las necesitamos?

Juan (Consejero): Entiendo tus preocupaciones, María, y es completamente comprensible. Las pruebas en realidad son herramientas muy útiles en la consejería. Permiten medir de manera objetiva tus emociones y tu relación con Dios, lo que nos da una base sólida para trabajar juntos de manera más efectiva.

Estas pruebas pueden ayudarnos a:
- Comprender mejor tus síntomas de ansiedad y depresión, lo que nos permite establecer objetivos de tratamiento específicos.

- Identificar cualquier desafío emocional subyacente que podría estar contribuyendo a tus problemas.
- Evaluar tu bienestar espiritual y cómo podemos integrar tu fe en el proceso de consejería.

María (Aconsejada): Hmm, eso suena razonable, pero ¿cómo funcionan exactamente estas pruebas?

Juan (Consejero): Las pruebas son cuestionarios que te pediré que completes. Contienen preguntas específicas relacionadas con tus emociones y tu fe. No hay respuestas correctas o incorrectas; simplemente reflejan tus pensamientos y sentimientos personales. Una vez que las completes, analizaré los resultados y los discutiremos juntos en detalle. Estos resultados nos ayudarán a planificar la mejor manera de abordar tus desafíos emocionales y espirituales.

María (Aconsejada): Está bien, Juan, creo que puedo hacerlo. Si ayuda a mejorar mi situación, entonces estoy dispuesta a intentarlo.

Juan (Consejero): Eso es genial, María. Tu disposición es muy valiosa, y estoy seguro de que estas pruebas serán una herramienta útil para nuestro trabajo conjunto. No olvides que estamos aquí para apoyarte y ayudarte a avanzar hacia una vida emocionalmente y espiritualmente más saludable.

En este diálogo, el consejero explica con empatía y claridad los beneficios de las pruebas, lo que ayuda a disipar las preocupaciones de María y la hace sentir más cómoda con la idea de completarlas como parte de su proceso de consejería.

Made in the USA
Columbia, SC
14 October 2023